추천사

정석원 목사는 적응이 어려운 중딩 아이들과 속 깊이 어울렸다. 그들의 마음을 끌어 모아 응집시켰고, 의미 깊게 역동적으로 부흥하는 공동체로 만들었다. 나는 교사와 학생들이 단단하게 엮이는 '숨 쉬는 청소년 공동체'가 탄생하는 것을 옆에서 지켜보는 특권을 누렸다. 정석원 목사는 이 책을 쓸 자격이 있고, 많은 청소년 사역자들과 신학생들은 이 책을 읽을 이유가 있다.

정갑신 | 예수향남교회 담임목사

매뉴얼 모방이 아니라, 자신만의 매뉴얼의 모판을 형성하는 데 큰 도움을 주는 책입니다. 본질에서 나온 방법인지를 대담하게 질문하면서도 현장의 고민과 땀을 담아서 겸손하게 제시하고 있습니다. 분명한 목회 철학과 적절한 사역 방법 사이를 이음매 없이 연결하여 사역하기를 원하는 청소년과 미래 청년 사역자들에게 일독을 강력히 권합니다.

김대혁 | 총신대 신학대학원 실천신학 교수

청소년 사역 핵심파일

청소년 사 역 핵심파일

정석원 지음

홍성사

차 례

Folder 3.
성장을 위한 사역의 핵심

Folder 4.
동역을 위한 사역의 핵심

청소년 사역, 진심은 통한다

하나님의 캐스팅

부끄러운 고백이지만 처음부터 청소년 사역을 원하지는 않았다. 아니, 정확히 말해서 이 사역만큼은 피하고 싶었다. 신학교에 입학하기 직전, 출석하는 교회의 사역자들과 만나서 친교를 나눌 기회가 있었다. 미래 사역자로서 선배들에게 노하우를 전수받는 시간이었다. 그 대화의 핵심은 '청소년 사역은 할 것이 못 된다'는 것이었다. 보기만 해도 미소를 짓게 하는 귀여운 아동이나 깊은 대화가 가능한 청년에 비해 그들은 귀엽지도 않고 깊은 대화를 하기도 힘들다고 했다. 그 뒤로 '공포의 중2병', '인민군이 두려워하는 존재' 등등의 수식어가 이어졌다. 이런 대화는 고스란히 선입견이 되었다. 주일이면, 곳곳에서 보이는 청소년들에게 왠지 다가가기

부담스러웠고 때로는 무섭기까지 했다. 뭔가 다듬어지지 않은 날
것, 야생의 모습을 보이는 학생들을 볼 때마다 마음으로 기도했다.
'주님, 제가 사역을 하게 된다면 청소년이라는 잔을 옮겨 주십시오.
설령 아버지의 원이라도 잠시만 겪게 해주십시오.'

그러나 사역 초기에 예상치 못한 계기로 청소년을 섬기게 되었
다. 물론 타의로 시작했기에 힘든 일이 있을 때면 언제나 도망갈
궁리만 했다. 청소년들에게 비전과 사랑을 품고 사역하시는 분들
을 보면 열등감도 들었다. 하지만 어느덧 정신을 차려 보니 나의
20대와 30대 모두 청소년 사역을 하며 보냈다(심지어 한눈에 반해 결혼했던
아내의 직업도 정신을 차려서 보니 '청소년 상담사'였다).

사역 초기에 도망갈 궁리만 했던 시절을 뒤로하고 어느 시점부
터는 청소년들이 사랑스러워 보였다. 거리를 걷다 지나가는 청소
년만 봐도 마음이 뭉클해지고 때론 눈물까지 났다. 이런 극단적인
변화는 '진심' 때문이었다. 청소년들로 인해 '진심은 통한다'는 것을
경험했기 때문이다. 진심이 통했을 때 그들은 놀라울 정도로 변화
되었다. 역설적이게도 그들이 나를 변화시킨 것이다. 그때 이후로
사명은 나의 것이 아니라 하나님의 것임을 확신하게 되었다.

청소년 사역을 나름 오래했다는 이유로 주위 사역자들과 교사
들에게 '청소년 사역을 어떻게 하는 건가요?'라는 질문을 받을 때
가 있다. 청소년들을 향한 그분들의 사랑과 진심은 때로는 눈물 날
정도로 절절했다. 이 책은 그 물음에 대해 진실하게 답하고자 하는

마음으로 시작되었다.

이 책은 무엇이 다른가?

이미 시중에 청소년 사역에 관한 책이 많이 있다. 대부분 훌륭한 책이다. 그렇다면 이 책은 왜 세상에 나와야 하는가? 세 가지로 말할 수 있다.

첫째, 다양한 환경에서 고민해 볼 만한 내용을 담았다. 이 책은 흔히 접하는 대형교회 청소년부 부흥기가 아니다. 물론 그것도 의미 있지만 청소년 사역을 고민하는 분들의 대다수는 인적으로나 물적으로 다양한 배경을 지니고 있다. 여기서는 세 명 정도 출석하는 청소년부와 50명 정도 출석하는 현장, 100명 이상이 출석하는 현장을 두루 거치며 느낀 것들을 풀어낼 것이다.

둘째, 청소년 사역에 관한 공부와 경험을 바탕으로 내용을 구성했다. 청소년 사역에 관해 스스로 묻고 몸으로 부딪치며 얻은 내용들을 담고 있다. 철학과 경험을 모두 담은 셈이다. '청소년 사역은 이것이다'라는 이론적 전달에서도 지혜를 얻을 수 있지만, '청소년 사역을 위해 이렇게 해봤다'와 같은 경험적 전달에서도 통찰을 얻을 수 있다. 독자들은 각 현장에서 적절하게 응용할 수 있을 것이다.

셋째, 사역의 성공만이 아니라 실패까지도 담았다. 필자의 지난 사역은 한마디로 좌충우돌이었다. 달콤한 열매를 맛보기도 했지만 쓰디쓴 실패를 맛보기도 했다. 순풍에 돛 단 듯 순적하게 사역할 때도 있었지만 역풍을 맞아 오랜 시간 눈물로 지새우기도 하고, 광풍을 만나 도저히 한 치도 나아갈 수 없을 것만 같은 때도 있었다. 물론 성공적인 사역과 실패 모두 중요한 자양분이 되었다. 그러나 아쉬움은 남는다. 사역에 있어 불필요한 실패도 많았기 때문이다.

시중에 나와 있는 몇몇 청소년 사역에 관한 책을 읽을 때 종종 아쉬운 마음이 들었다. 왜냐하면 기가 죽기 때문이다. 탁월한 사역과 결과물을 보면서 용기를 얻기도 하지만 자괴감에 빠지기도 한다. 한번은 이런 생각을 했다. '과연 이분들은 열매만 있었을까? 분명 시행착오도 있었을 것이다.'

그래서 이 책에는 나의 청소년 사역의 '좋은 열매'도 기록했지만 '실패'도 진실하게 담으려 애썼다. 이 책을 읽는 분으로 하여금 시행착오를 줄이고 본질에 더 집중할 수 있도록 돕고 싶은 마음이다.

청소년 사역의 가능성

《청소년 사역 핵심파일》의 또 다른 제목은 '청소년 사역의 가능성'이다. 이 책의 장르는 불분명하다. 청소년 사역의 성공담이기도 하고 실패담이기도 하다. 이론서이기도 하고 실천서이기도 하다. 청소년 사역 철학서이기도 하고 실용서이기도 하다. 하지만 분명한 것은 경험에 기반한 내용을 담았다는 것이다. 필자의 현장과 독자의 현장은 다르다. 그러나 필자의 이 책이 공부와 경험으로 이뤄진 것처럼 독자는 이 책의 내용을 통해 청소년 사역의 여러 가능성에 대해서 고민해 볼 수 있으리라 기대한다.

이 책이 나오기까지

지금까지 만난 청소년들에게 가장 많은 빚을 졌다. 진리에 대한 그들의 진실한 물음과 용기는 언제나 나를 반성하게 했다. 그들이야말로 나의 진정한 스승이었다.

그리고 예수향남교회 청소년부에서 함께해 주신 선생님들과 학생들이 아니었다면 이 책은 나오지 않았을 것이다. 삶의 스승이신 이익주 목사님, 크고 작은 물음에 진심으로 답해 주신 예수향남교회 장은섭 목사님과 흠모하는 스승이신 총신대 신학대학원 김대혁 교수님께 감사드린다. 늘 소신껏 청소년 사역을 하도록 격려와 지원을 아끼지 않으신 정갑신 목사님께도 감사드린다. 물심양면 지원과 응원을 아끼지 않으시는 부모님과 장인 장모님께 감사하다.

요즘같이 출판계가 불황일 때 청소년 사역에 관심을 가지고 책을 내주시는 홍성사 모든 관계자분께 진심으로 존경을 표한다.

청소년 사역에 관한 글을 쓰면서 내 것은 하나도 없다는 것을 깨닫게 됐다. 어디선가 모두 배웠던 것들이다. 그래서 가능하면 역으로 추적해서 배운 부분들을 찾아내 각주를 달기 위해 애썼다. 하지만 각주를 달 수 없는 것도 있었다. 삶으로 배운 것들이다. 지금도 각자의 자리에서 보이지 않게 삶의 책을 만들어 가시는 스승님들께도 존경과 감사를 드린다.

　부족한 사람을 믿어 주고 사랑해 주는 아내 보람에게 이 책을
바친다.

2020년 12월

정 석 원

Folder 1

왜 청소년 사역인가?

청소년 사역은 언제나 희망이다

처칠클럽 이야기

청소년을 떠올리면 늘 생각나는 이야기가 있다. 처칠클럽(Churchill Club) 이야기다. 제2차 세계대전 당시, 유럽 국가 대부분은 히틀러의 침략으로 속절없이 무너졌다. 골리앗과 같은 독일의 존재 앞에 여러 나라들은 제대로 된 저항도 없이 자유와 재산을 강탈당했다. 그중에서도 덴마크 정부는 독일 점령을 쉽게 받아들였다. 자국민을 보호한다는 명목을 내세우면서 말이다. 그렇게 결정하게 된 데는 '싸워도 별 수 없다'는 그들의 무력함이 크게 작용했다. 그리고 모두가 아무 일도 없었다는 듯 침묵했다.

이런 상황을 지켜보던 소수의 청소년들이 분노했다. 그들은 '처칠클럽'이라는 이름의 모임을 만들어 온몸으로 히틀러에 대항했다. 이들의 조직적인 항거로 독일은 적지 않은 타격을 입었다. 청소년들의 도전은 무기력함에 빠져서 주저앉아 있던 국민 전체를 일으켰다. 그 이후로 나라 전체가 하나 되어 점령군과 맞섰다. 그래서 제2차 세계대전 당시 가장 극적인 스토리를 만들어 냈다. 독일군이 덴마크 유대인들을 일제히 검거해서 죽음의 수용소로 보내기 직전에 덴마크인들이 그들 대부분을 배에 태워 안전한 곳으로 탈출시킨 것이다.[1]

한국 교회가 어렵다고 한다. 교회 내부적으로 교인 수가 줄어들고, 외부적으로 공격이 거세졌다고 한다. '이제는 별 수 없다'는 자조 섞인 비관론이 팽배하다. 그러나 한국 교회 역사의 굴곡진 순간마다 청소년들은 침묵하지 않았다. 든든한 지원군이 되기도 했고 때론 전면에 나서기도 했다. 여러 모양으로 희망의 역할을 했다. 일제 강점기 때도 그랬고, 민주화 과정에서도 그랬다. 지금도 마찬가지다. 한국 교회가 어렵다면, '그래서 청소년 사역이 희망이다'.

청소년 사사로의 부르심

청소년 사역은 청소년들만 살리는 것이 아니다. 교회를 살리는 일이고, 나라를 일으키는 일이다. 그래서 청소년 사역자는 돌보미나 관리자가 아니다. 영적 사사(judge)이다. 하나님은 청소년 사역자에게 청소년 그 이상을 맡기신 것이다. 넓게 보면 한국 교회의 운명을 맡기셨다. 우리가 해야 할 일은 사사와 같은 마음으로 청소년들을 살리는 일이다.

우리는 '소小청년'이다

아직이 아닌 지금

청소년, 아직은 아니다?

보통 청소년들을 '미래'라는 말로 표현한다. 이 말은 '지금 (already)'보다는 '아직(not yet)' 오지 않은 미지의 시간을 담고 있다. 이 것을 '다음 세대(Next Generation)'라는 말로 표현하기도 한다. 마찬가 지로 '지금'의 의미는 상대적으로 옅다. '지금'을 간과하면 학생들 은 그저 어른들이 주는 것을 일방적으로 공급받는 자리에 머물게 된다. 무엇이든 일방적인 것은 관계를 경직되게 한다. 특히 교사와 학생의 선이 분명하게 구별되어 있는 분위기에서는 교사가 학생에 게 영적으로 도전하는 데 분명 한계가 있다. 학생들은 교사의 가르 침을 들어도 단지 '교사이니까 그렇게 말할 수 있다'고 생각할 것이 기 때문이다.[2] 이렇게 되면 청소년들은 교회에서 구경꾼으로 남을 가능성이 높다.

청소년들은 미래이면서 동시에 현재이다. 미래 없이는 현재도 없지만, 현재 없이는 미래도 없기 때문이다. 아직 오지 않은 미래가 아니라 '현존하는 미래'다. '언젠가'는 그라운드에서 뛸 선수가 아니라 '지금 당장' 그라운드에서 함께 뛸 동역의 자리로 초대해야 한다.

청소년의 자율성과 참여도를 높이기 위해 고민해야 한다. 개인적으로 청소년 사역을 하면서 가장 많이 들었던 말 중에 하나는 '청년 사역'을 하는 것 같다는 것이다. 교회 예배나 행사에서 청소년들이 활약하는 모습을 보면 성도들은 하나같이 청년인 줄 알았다며 칭찬을 아끼지 않았다. 학생들 스스로도 자신이 '청소년'인지, '청년'인지 헷갈린다고 했다. 그럴 때마다 '너희는 소(작은)청년'이라고 말했다. 이것을 깨닫게 된 계기는 처음 청소년 사역을 하면서 섬겼던 청소년부 학생들이 어엿한 청년이 되거나 한 아이의 엄마, 아빠가 되는 것을 보면서다. 청소년기에 어떻게 훈련을 받았는지가 고스란히 현재 그들의 신앙 스타일이 된 것을 본다. 청소년이 청년이 되는 시간은 실제로 너무나 짧다. 청소년과 청년은 맞닿아 있다. 성장기의 발달단계에서 청소년기의 특성을 무시해서도 안 되지만, 청소년이라는 틀에 맞춰서 사역을 제한해서도 안 된다.

청소년들로 하여금 '소청년'임을 일깨우라. 일선 학교에서는 그들의 자율성과 참여도를 끌어내도록 노력한다. 그들은 실제로 주도적인 역할을 하고 있다. 그러나 교회에만 오면 철부지 어린이가 될 때가 많다. 청소년 부서에는 관중석이 없어야 한다. 우리 모두를 하나님 나라의 선수로 부르셨기 때문이다.

청소년, 지금이다!

청소년들은 하나님 나라의 미래이기도 하지만 현재 부름 받은 소중한 일꾼들이다. 이들은 사랑을 받으면서 자라지만, 사랑을 주면서도 자란다. 섬김을 받으면서 배우지만, 섬기면서도 배운다. 복음을 들으면서 그리스도를 알게 되지만, 복음을 전하면서도 그리스도를 알게 된다.

소청년은 믿어 주고 이끌어 주는 만큼 자란다. 그래서 설교를 할 때도 얄팍한 유머나 감동적인 교훈으로만 채우지 않고 날것 그대로의 십자가로 초청할 필요가 있다. 성경의 흩날리는 단편적인 메시지가 아니라 성경 한 절 한 절의 의미를 먹을 수 있도록 선포해야 한다. 이때 가끔씩 청소년들의 잠자는 자존심을 깨우라. "여러분은 얕고 재미난 설교만 바라지 말고, 스스로를 말씀을 깊이 파고 들어가 진리를 캐내는 자존심 있는 소청년으로 여기십시오." 청소년들에게 제대로 된 신분을 돌려주라. 더불어 믿어 주라. 청소년은 믿고 이끌어 주는 만큼 자라는 '소청년'이기 때문이다.

청소년과 함께하는 사역

청소년 사역은 '청소년을 위한(for) 사역'이라는 관점에서만이 아니라 '청소년과 함께하는(with) 사역'이라는 관점[3]에서도 접근해야 한다. 이것은 하나님의 관점이기도 하다. 하나님은 결코 청소년들을 '위해'서만 일하시지 않으셨다. '함께' 사역을 행하셨다. 요셉, 다니엘과 같은 청소년들과 '함께' 하나님 나라를 펼치셨다. 하나님의 관점으로 본다면 청소년들은 이미 하나님 나라의 훌륭한 일꾼들이다. 이것이 책 전반에 깔린 핵심 메시지이다.

청소년 사역의 5가지 Focus 전략

청소년 사역의 방향성을 논하기에 앞서, 청소년이 어떤 특성들을 가지고 있는지 알아볼 필요가 있다. 한 대상에 대한 바른 이해는 정확한 방향을 가져다준다. 청소년을 이해할 때 발달심리를 통해서 접근해 보자. 아래에서 소개하는 특성은 꼭 청소년들에게만 해당된다고 볼 수는 없지만 이들에게 일반적으로 발견되는 모습이라고 할 수 있다. '청소년들은 어떠해야 한다'는 모범 답안을 내려놓고 '있는 그대로'를 파악하고 받아들이는 데서 효과적인 전략이 시작된다.

청소년의 특징

특징 1. 자기중심성
① 세상은 '나'를 중심으로 돈다 청소년에게는 '자기중심성'이 두드러

지게 나타난다. 이는 '이기주의'와 다르다. 마치 무대에 홀로 서 있는 것처럼 모든 사람이 자신을 보고 있다고 느끼는 감정이다. 자신은 무대 위에 있는 주인공이고 다른 사람들은 구경꾼인 셈이다. 단적인 예로, 길을 걸을 때 자신의 눈에 보이는 사람들보다 사람들 눈에 비치는 자신이 더 신경 쓰인다. 이로 인해 "자기도취적인 감정을 느끼거나 반대로 자기 회의적인 위축감"[4]을 느끼기도 한다. 특히 외모에 대한 비교로 인해 자신에 대한 집착과 열등감에 빠지기도 한다.

② **낯선 세계를 경험하게 하라** 청소년 사역은 자기중심성을 깨는 사역이다. 헤르만 헤세의 《데미안》의 표현을 빌려서 자신만의 '알'을 깨도록 하는 일이다. 자신의 눈에 보이는 좁은 세상만을 대하지 않고 낯선 세상의 눈으로 자신을 만나게 하는 것이다. 이를 통해 자신을 객관적으로 보게 한다. 몰랐던 면을 만나게 한다. 이를 위해서는 경험이 중요하다. 이를 크게 2가지로 볼 수 있다.

먼저는 '낯선 장소로 가라'는 것이다. 익숙한 장소를 떠나는 것 자체에 의미가 있다. 동일한 청소년들에게 같은 내용을 가르쳐도 장소에 따라 다르게 다가온다. 장소의 변화가 '건강한 스트레스'를 주기 때문이다. 낯선 장소는 익숙한 패턴을 해체한다. 색다른 반응을 끌어낸다. 그래서 국내외 단기 선교나 비전트립은 그 자체로 의미가 있다. 여의치 않다면 한두 시간 정도의 공간 이동을 통해 낯선 장소로 함께 가는 것도 좋다.

다음은 '낯선 스토리로 초대하라'는 것이다. 세상의 스토리가 아니라 하나님 나라의 스토리를 만나게 해주는 것이다. 우리 삶의 스토리가 작은 그림이라면 하나님 나라 스토리는 큰 그림이다. 큰 이야기로 작은 이야기를 보게 하라. 예를 들어 서울 합정동에 있는 '양화진외국인선교사묘원'을 방문하거나 국내 성지순례 여행을 통해서 하나님의 큰 스토리를 만나게 할 수 있다. 신앙 위인의 삶이나 신앙과 관련된 장소를 소개하면서 하나님의 스토리가 어떻게 지금까지 흘러왔는지를 나눌 수 있다. 우리 삶이 하나님 나라 스토리의 연장선에 있다는 것을 느끼게 해줄 수 있다. 이처럼 낯선 장소와 스토리에 초대함으로 자신만의 알을 보게 하고 익숙한 자신의 패턴(알)을 깨도록 도울 수 있다.

특징 2. 정서적 불안정

① 내 이름은 흔들리는 '바람' 청소년은 신체적으로나 심리적으로 급격한 변화를 겪는다. 어떤 것이 변화하는 과정은 일정한 안정을 되찾기까지 불안정하기 마련이다. 청소년들은 일정의 성장을 이루기 전까지 질풍노도와 같은 불안정한 상태가 이어진다.[5] 하루에도 셀 수 없이 기분이 좋았다가 나빴다를 반복한다. 어느 때는 온 세상을 품을 듯 마음이 넓다가도 얼마 지나지 않아서 바늘 하나 꽂을 곳 없을 만큼 소심해지기도 한다. 어느 때는 모든 것을 할 수 있을 것처럼 자신감이 넘치다가도 한순간에 원인 모를 죄책감과 고독감을

안고 '잠수를 타기도' 한다.

② 같은 자리에서 버텨 주는 맷집을 가지라 사역자나 교사는 학생들의 신실한(?) 변덕에 실망하기도 한다. 그러나 이들의 모습은 지극히 정상적인 모습이다. 도리어 성장통을 겪으면서 잘 버티고 있다고 생각하면 대견하다. 그들을 있는 모습 그대로 인정해 주고 기다리라. 청소년을 만나서 대화할수록 '공감'을 원한다는 것을 느낀다. 든든한 '내 편'을 필요로 한다. 좋은 모습을 보이지 않아도 자신을 있는 그대로 받아 주고 지지해 줄 나의 편을 원한다.

청소년 사역은 '공감'에서 더 나아가 '긍휼'까지 나가야 한다. 긍휼은 연민이 아니다. '긍휼(compassion)'이라는 단어에서 알 수 있는 것처럼 '함께(com)' + '아파한다(passion)'는 뜻을 지닌다. 헨리 나우웬은 긍휼에 대해 다음과 같이 말한다.

긍휼을 품고 산다는 것은 다른 이의 어두운 시기에 들어섬을 뜻한다. 남들이 괴로워할 때 꽁무니를 빼거나 외면하지 않고 고통의 자리에 함께 들어가는 것이다. 사람들이 아파하는 자리에 머문다는 뜻이다.[6]

청소년들의 마음을 충분히 들어 주고 옆에서 묵묵히 버텨 주는 일이 쉽지는 않다. 하지만 그 자체로 학생들에게 힘이 되는 사역이기도 하다. 청소년들이 보이는 변덕과 돌발행동에 대해 판단하거나 배신감을 느끼기보다는 그들의 편에 서서 '공감하고' 일관되게

'같은 자리에서 버티는 맷집'이 필요하다.

특징 3. 정체성의 혼미

① **'나는 누구인가'** 청소년들이 겪는 급격한 변화는 스스로를 생소한 존재가 되도록 만든다. 활발한 호르몬의 공격에 당황한 청소년은 결국 '나는 누구인가?'라는 질문을 스스로에게 던지게 된다. 심리학자 에릭슨에 따르면 이런 과정은 "정체성이 혼미한 시기"[7]라고 할 수 있다.

② **'나'를 지으신 분에게 나아가게 하라** 청소년의 참된 자기 정체성은 창조주이신 하나님에게서만 찾을 수 있다. 어떤 물건에 대해서 가장 잘 아는 사람은 그것을 만든 사람일 것이다. 마찬가지로 사람에 대해서 가장 잘 아시는 분은 사람을 만든 하나님이실 것이다. 하나님 안에서 '본래의 참된 나'를 발견한다. 더불어 그리스도 안에서 '새로운 참된 나'를 발견하게 된다.[8] 청소년 사역은 하나님 안에서 참된 정체성을 찾을 수 있도록 돕는 사역이다. 이 주제와 관련해서 설교 시리즈나 스터디 그룹을 구성해서 집중적으로 다루는 것도 좋다.

특징 4. 공동체성

① **나는 곧 '또래 관계'다** 청소년은 자의식을 형성하면서 독립적인 관계를 세워 나간다. 절대적으로 의존했던 부모님에게서 서서히

독립하는 경향을 지니면서 점점 또래와의 관계를 중시하게 된다. 그러나 무조건적으로 친구 관계를 맺기보다는 자신의 관심과 취향에 따라 선택적으로 또래 관계를 형성한다.[9] 이 또래 관계가 무너지면 고립감을 느끼거나 절망감을 느끼게 된다.

② **공동체를 만나게 하라** 청소년 사역은 공동체 사역이다. 이 점이 사역을 어렵게 하기도 하지만 의미 있게 만든다. 청소년부 안에서 한 청소년이 마음을 나눌 수 있는 또래 청소년 한 명만 있어도 끝까지 자리를 지킬 확률이 높다. 반대의 경우에는 청소년부의 자리를 버틸 확률이 낮아진다. 성경으로 교육하고 믿음으로 훈련하는 것과 더불어 마음을 나눌 한 명의 또래를 만나게 해주는 사역은 아주 중요하다. 약간 과장해서 덧붙인다면 사활을 걸어야 하는 문제다. 그렇다고 무리지어 다니거나 노는 관계를 맺게 해주는 것이 전부일까? 이것만으로는 충분하지 않다. 편안하고 친한 관계를 넘어서서 하나님의 사역을 위한 동역자로 맺어 주는 데까지 나아가야 한다.

이런 공동체를 세우는 것은 어렵다. 하지만 그만큼 값진 일이다. 서로 말씀을 나누고 기도해 주는 공동체를 만나는 것은 비교할 수 없는 축복이다. 특히 학생과 교사 그리고 학부모들로 구성된 청소년 공동체를 만드는 것은 값진 사역이다. 이러한 공동체 사역은 팀 사역이라는 전략으로 가능하다. (팀 사역은 Folder 3의 File 2 '한 팀으로 경험하는 성장' 부분에서 자세히 다룰 것이다.) 모든 학생과 교사들 그리고 학부모까지

팀으로 꾸려 그 안에서 공동체를 만나게 하는 방식이다.

특징 5. 의심

① 나는 '의심'한다, 고로 존재한다 청소년은 관습이나 기존의 가치를 그들 나름대로 비판한다. 그리고 타당하다고 생각되는 것에만 복종한다. 이들은 그리스도인이 무엇을 믿는지, 또 왜 믿어야 하는지 알고 싶어 한다.[10] 겉으로 말하지는 않아도 마음으로 기독교가 진짜일까 계속해서 생각한다. 모태신앙인 학생들은 부모님에 의해 문화적으로 기독교를 물려받은 것이 아닐까 의심한다. 기독교 가정이 아닌 학생들은 하나님이라는 존재가 교회에서만 말하는 일종의 신화가 아닐까 회의한다.

② 진리에 대해 두려움 없이 묻게 하라 청소년 시기는 전통적인 믿음을 의심하는 시기다. 이 의심은 교회를 떠나게도 하지만 하나님을 진지하게 찾는 노력으로 이어진다. 회심에까지 이를 수 있도록 감성이 성숙하는 시기다. 그래서 학생들의 의심을 방황으로 보지 않고 정상적인 단계로 인식할 필요가 있다. 신앙적인 질문을 하는 학생에게 일방적으로 답을 제시하는 자세보다는 질문을 장려하고 함께 답을 찾아가는 자세를 취할 때 청소년들은 신뢰감을 갖는다. 역으로 학생들이 질문하기 전에 청소년 사역자나 교사들이 질문을 던지는 것도 좋다. 특히 모태신앙인 경우에는 신앙을 문화적으로 고백하고 있을 가능성이 크다. 온실 속 공기를 환기시켜 주기

위해서라도 신앙의 질문을 던져 주라. 특별 기획으로 질문을 받고 답을 하는 형식의 설교 시리즈를 구성해도 유익할 것이다. (질문 설교 시리즈는 Folder 2의 File 4 '청소년 설교자는 크리에이터가 아니라 큐레이터다'에서 자세히 다룰 것이다.)

청소년 사역의 3가지 매력

감동적인 변화가 있다

청소년 사역은 한 해 한 해가 다르다. 학생들의 신체와 지각능력이 성장하는 만큼 변화의 폭도 크다. 성경과 교리를 스펀지처럼 빨아들인다. 하나님의 존재를 의심하던 학생들이 하나님을 인격적으로 만나고 헌신을 결단한다. 물론 반대의 경우도 있지만, 한 명의 변화는 헤아릴 수 없는 감동을 선사한다. 통계적으로 보면 다른 시기에 비해 청소년 때에 하나님을 만나는 비율이 압도적으로 높다. 목회자나 선교사로 헌신하는 비율도 청소년 시기가 가장 많다. 청소년 시기는 하나님을 만날 수 있는 골든타임이다.

든든한 동역자가 있다

청소년 사역을 하다 보면 하나님은 이들을 동역자로 불러 주셨다는 확신을 갖게 된다. 공동체를 세우는 데 교역자와 교사와 같은 기성세대들만 애쓰는 것과 청소년 리더들이 함께 동역하는 것은 천지차이이다. 청소년들은 같은 또래들이 헌신할 때 큰 자극을 받는다. 또래들이 그들을 섬길 때 신선한 도전을 받는다. 특별히 새 친구를 맞이할 때는 교역자와 학생 리더들이 함께 힘을 모을 때 더 큰 시너지를 낸다.

하나님 나라의 일꾼으로 세울 수 있다

복음을 만난 청소년들은 정직하게 반응한다. 학교 현장에서 계산하지 않고 복음을 소개하는 일꾼으로 설 수 있다. 청소년들은 실제로 학교 내에서 큐티 모임과 기도 모임을 만들고 이끈다. 그것을 통해 학교 곳곳에 하나님의 다스림을 전하는 운동이 일어나기도 한다. 이 일은 청소년들이 아니면 어려운 일이다. 사회가 급변하고 복잡해질수록 복음 전도자로서 청소년의 역할은 커진다. 하루가 다르게 발전하는 4차 산업혁명 시대에 가장 빠르게 적응하고 기술을 활용하는 세대는 청소년일 것이다. 오프라인에서만이 아니라 온라인 세계에서도 하나님 나라 일꾼으로 세울 수 있다.

청소년 사역에서 겪는 3가지 유혹

'더 낫다'는 유혹

청소년 사역자는 일정 신학 교육 과정을 거치고 있거나(혹은 거쳤거나), 교사 그룹 중에서 리더급일 경우가 대부분이다. 그래서 다른 사람들보다 자신을 더 낫게 여길 수 있는 유혹을 겪는다. 이 유혹은 청소년 사역에 있어서 독으로 작용한다. 먼저 학생들과의 관계다. 학생들은 소통하려는 자세에서 상대방의 진심을 발견한다. 그러나 일방적으로 가르치려는 모습 앞에서는 마음 문을 닫아 버린다. 꼰대 같은 사람을 뒤에서 비꼰다. '나도 너희들 때 좀 놀아 봐서 아는데 말이야…', '라떼는(나 때는) 말이야…'라는 말은 마음에 담아서도 안 된다. 오늘날은 세상이 하루가 다르게 변한다. 그때의 청소년과 지금의 청소년은 다르다. 앞으로 살아가야 할 삶도 다르다. 도리어 학생들에게 배워야 한다.

'더 낫다'는 유혹은 교사와의 관계에서도 독이다. 이 유혹은 상대를 라이벌로 만든다. '내가 학생들에게 더 영향을 미칠 수 있다'

고 생각하게 된다. 심지어는 잘 안 따라오거나 반대 의견을 내는
사람은 미성숙한 교사로 생각하게 한다. 하나님은 교사들을 각양
은사대로 부르셨다. 이 유혹은 누구든지(약한 교사에게도) 배울 것이 있
다고 여기고 관계를 맺을 때 물리칠 수 있다.

'좋은 반응'이라는 유혹

'좋은 반응'이라는 유혹은 사역의 목표를 좋은 반응과 평가에 두
게 한다. 설교를 준비하거나 행사를 기획할 때 '본질'을 고민하는
것이 아니라 '어떻게 하면 호응을 이끌어 낼 수 있을까'에 초점을
두게 만든다. 설교가 반응이 좋으면 내용을 떠나서 일단 만족감을
준다. 충실한 내용을 담았어도 호응이 기대치에 못 미치면 낙담에
빠진다. 청소년과의 관계도 마찬가지다. 반응에 따라 마음이 오락
가락한다. 물론 관계가 좋을수록 열매도 많다. 하지만 '좋은 반응'
이라는 유혹은 건강한 관계를 망친다. 좋은 관계가 아니거나 관계
가 깨지면 마치 사역을 실패한 것처럼 느끼게 하기 때문이다. 결국
은 사역의 본질을 잃게 만든다.

청소년 사역은 '좋은 반응'을 이끌어 내는 사역이 아니라 '필요
한 존재'가 되는 사역이다. 그리스도께서 사람들에게 호응을 이끌
어 내기 위해 사역을 하셨다면 우린 아마 구원받지 못했을 것이다.
그리스도께서는 영혼들에게 '필요한 존재'로 이 땅에 오셨다. 그것
에 사역 초점을 맞추셨다. 이처럼 '좋은 반응'이라는 유혹은 '영혼

들에게 필요한 사람'으로 부름받았다는 인식으로 극복할 수 있다. 청소년들에게 그리스도의 사랑과 말씀이 필요하다. 그리고 중보자들의 기도가 필요하다. 우린 궁극적으로 청소년들에게 필요한 사람이어야 한다.

'다 책임져야 한다'는 유혹

'다 책임져야 한다'는 유혹은 전 연령층 사역에서 나타난다. 하지만 청소년 사역에서 더 두드러진다. 그 이유에 대해서 능동적인 면과 수동적인 면으로 설명할 수 있다. 먼저 능동적인 면에서는 '내가 다 하고 싶다'는 의욕이 있기 때문이다. 청소년들 사이에서 사역자나 책임자는 주목받기 마련이다. 청소년은 누구에게도 말하기 어려운 고민을 털어놓으면서 감정적으로 의존하게 된다. 물론 이 과정에서 책임자는 보람을 느낀다. 결과적으로 애착 관계가 형성되기 쉽다. 이때 영향력이나 관계에 있어서 누구보다도(심지어 부모보다도) '내가 다 책임져야 한다'는 유혹을 받는다.

다음으로 수동적인 면에서는 '내가 다 해야 한다'는 의무감이 있기 때문이다. 한 그룹의 리더는 뭔가를 보여 주거나 해내야 한다는 압박을 느낀다. 혼자 다 해내는 것이 유능하게 보이는 것처럼 느껴지기도 한다. 때론 누군가에게 자신의 책임을 나누면 무책임하거나 게으르게 보일 것 같은 두려움도 생긴다. 이 유혹은 사역 구조를 경직되게 하거나 책임자를 탈진하게 만든다.

이 유혹은 책임과 권한을 나누는 것으로 물리칠 수 있다. 먼저는 구성원들과의 관계성과 충분한 소통이 필요하다. 그룹 리더는 지속적으로 자신의 한계를 들여다볼 수 있어야 한다. 이것이 가능할 때 솔직하게 자신의 약함을 인정하고 도움을 요청할 수 있다. 무엇보다 청소년 사역이 '내 것'이 아니라 '우리의 것'임을 분명히 인식하고 자주 소통해야 한다. 책임과 권한을 나누고 함께 일할 수 있도록 지속적으로 관심을 가지고 동기를 부여해야 한다.

청소년의 마음을 여는 5가지 사랑의 언어

청소년을 대상으로 설문조사를 했다. "너희들은 어떤 말을 들을 때 사랑받는다고 느껴?"라고 물었다. 이 질문에 청소년들은 많은 답을 했다. 그중에 가장 많이 나온 답변을 모았다.

같이 놀자

활동적인 시간을 함께 보내는 것이 청소년들의 마음을 여는 방법이 될 수 있다. 예를 들어 운동장에서 함께 공을 차거나 공원에서 함께 자전거를 타는 시간을 통해 서로의 거리감을 좁힌다. '같이 논다는 것'은 '함께 시간을 보내는 것'이기도 하다. 꼭 야외에서 하는 운동만이 아니라 특별한 목적 없이 식사하거나 잡담을 나누는 것도 마음의 장벽을 허무는 시간이다.

치킨 먹자

청소년들에게 치킨의 의미는 간식 이상이다. 그들은 치킨을 먹으면서 힘을 얻는다. 치킨은 격려와 위로의 의미를 담고 있기 때문이다. 청소년 사역자들 사이에 전설처럼 전해 오는 말이 있다. 청소년들에게 '치느님(치킨에 대한 극존칭)을 영접하게 해줘야 주님을 영접하게 할 수 있다'는 말이다. 어느 정도 과장이 담겨 있긴 하지만 이 말속에 진리가 담겨 있다. 청소년 사역은 먹여야 한다. 먹이는 만큼 가까워지고 신뢰를 얻는다.

아, 그렇구나

청소년들의 말과 행동에 옳고 그름을 가려 주거나 문제의 해결책을 전달해 주는 것은 필요한 일이다. 하지만 그전에 먼저 해야 할 것이 있다. '아, 그랬구나', '그래서 그렇게 (말 또는 행동을) 했구나'라는 공감이다. 공감은 마음을 열게 한다. 진심이 담긴 대화를 낳는 기술이다.

어떻게 됐어?

표현하지 않으면 알 수 없다. 청소년에게 마음이 있다는 것을 표현하는 말 중에 하나가 '어떻게 됐어?'라는 말이다. 학생과 대화나 상담을 하면 중보 기도제목이 생긴다. 실제로 기도도 해야 하지만 다시 그 학생을 만나게 됐을 때 물어보자. '그 일 어떻게 됐어?', '그 사람은 어떻게 됐어?' 이 말은 학생에 대한 관심의 표현이자 계속해서 기도하겠다는 의지의 표현이기도 하다.

난 항상 네 편이야!

관심과 지지가 담긴 말은 청소년들을 춤추게 한다. 청소년은 자신도 통제할 수 없는 불안과 자책감에 자주 시달린다. 이 감정들은 자신은 '혼자'라는 느낌과 적지 않게 연결되어 있다. 반대로 자신이 혼자가 아니라 누군가의 지지를 받는 존재임을 알게 되면 어떤 어려움을 만나도 이겨 낼 수 있는 힘을 얻게 된다.

Folder 2
회심을 위한 사역의 핵심

File 1

학생들로 '하게' 하라

만남의 장 마련하기

자신을 직면하게 하라

회심은 '나 중심'에서 '그리스도 중심'으로 방향을 바꾸는 것이다. 회심은 아주 중요하다. 중심을 어디에 두는가에 따라 하나님을 예배할 수도 있고 이용할 수도 있기 때문이다. 청소년 사역의 핵심은 청소년들이 살아가는 이유와 가치를 그리스도 안에서 발견하도록 하는 것이다. 그리스도 안에 있는 지혜와 지식의 모든 보화(골2:3)를 발견하게 되면 삶의 방향은 바뀌기 마련이다.

회심을 위해서는 먼저 스스로를 직면하게 해야 한다. 자신이 영적으로 얼마나 무능한지, 하나님이 얼마나 크신 분인지 직면하는 장을 마련해야 한다. 자신과 하나님을 만나는 장을 마련하는 방법 중에 하나는 '하게 하는 것'이다. 교회 문턱만 밟게 하는 것은 의미가 없다. 아이들을 잘 양육하기로 소문난 선생님이 있었다. 그분의 양육 방식은 '하게 하는 것'이었다. 선생님이 학생들에게 전화 심방을 하기도 하지만, 관계가 쌓였을 때는 일부러 학생이 그 선생님께 심방 전화를 하도록 했다. 그리고 선생님 생일이나 의미 있는 날에는 학생이 꼭 축하하도록 했다. 하게 하는 과정에서 학생들은 자신을 직면한다. 일방적으로 섬김 받는 자리에서 자신을 직면하기에는 한계가 있다.

청소년들로 하게 하라

청소년 사역을 하면서 사역팀을 나누어 모든 학생들이 각 팀에 골고루 소속되도록 했다. 한 명도 빠짐없이 말이다. 그리고 모든 학생들이 부서 행사와 예배에서 봉사하도록 했다. 예를 들어 예배에 관한 것은 예배팀이 주도하게 한다. 큐티나 말씀 캠프, 주보는 문서팀이, 선교나 전도 축제가 있다면 선교팀이 주도하는 방식이다. 체육대회가 있다면 레크팀에게 기획과 진행을 맡기고, 모든 행사에 서포터로 봉사팀이 투입된다.

주일 청소년 예배 풍경은 이색적이다. 리더 학생들이 입구에서 청소년 큐티책을 판매한다. 주보를 나눠 주고, 자리를 안내한다. 예배 곳곳에서 학생들은 섬기고 있다. 그러면 선생님들은 무엇을 하고 있을까? 각 반 자리에 서서 학생들을 맞이한다. 오는 학생들의 이름을 불러 주고 대화를 나눈다. 철저한 협업이 이뤄지는 것이다. 행사나 예배를 섬길 때 각 팀은 철저하게 기도와 말씀으로 준비한다(팀 사역에 관한 자세한 내용은 Folder 3에서 다룰 것이다). 이 모든 과정들로 자신과 하나님을 만날 수 있는 장을 제공해 줄 수 있다.

사역자와 교사만 분주한 패러다임은 교육의 효과가 적다. 학생들을 선수로 세워서 그라운드로 내보내야 한다. 모든 학생들을 팀으로 나눠서 능동성을 끌어내도록 한다. 선생님들은 코치가 되어 학생 선수들을 가르치고 훈련한다. 이렇게 '하게 하는' 패러다임은 최신 트렌드가 아니다. 교육 전문가들은 오래전부터 말해 왔다. 그러나 여전히 유효하다. 학생들은 수동적으로 '들으면서'도 성장하지만, 능동적으로 '하면서'도 성장하기 때문이다.

소그룹과 제자 훈련에서도 하게 하라

열정만으로 힘들 때도 있다

소그룹을 통한 제자 훈련이나 성경 공부를 진행할 때도 '하게 하는 것'이 필요하다. 일방적으로 받아들이는 방식이 아니라 스스로 질문하게 하고 그 답을 모두가 찾아가도록 하는 것이다. 간단히 말해서 스스로 가르치는 패러다임이다. 청소년 사역을 하며 말씀 캠프를 진행했다. 금요일에 모여 교회에서 숙박하며 성경을 집중적으로 공부하는 시간이다. 성경 66권을 알려 줘야 한다는 사명감으로 야심차게 기획했다. 그러나 뚜껑을 열어 보니 모두가 힘겨워했다. 성경을 가르친다는 것은 열정만으로는 힘들었다. 가르치는 필자는 학생들의 반응이 없으니 갈수록 힘들어지고, 학생들은 지루해했다. 그도 그럴 것이 학생들은 일주일 내내 학교와 학원에서 시달리고 왔다. '불금'이라고 교회에 왔는데 또다시 수업의 연장이었으니 힘든 것은 당연했다. 심지어 성경을 제대로 공부해 보려고 호감을 가지고 참석한 아이들도 나가 떨어졌다.

1년에 두 번씩 상·하반기에 했던 말씀 캠프는 매번 유쾌하지 않은 느낌으로 마쳤다. 할 수 있는 노력은 다 해봤다. 학생들이 좋아할 만한 간식으로 매수해 보기도 하고, 잘 따라오면 선물을 사주겠다고 유혹하기도 했다. 그러나 남는 것은 실망이었다. 간식을 먹거나 선물을 받을 때는 천사와 같은 표정이었다가 성경 공부만 시작되면 산송장의 표정으로 바뀌었다.

거꾸로 물어보게 하라

이대로 가다간 이 말씀 캠프가 역사 속으로 사라질 게 뻔해 보였다. 그때 일방적으로 말하는 방식을 그만두었다. 당시 주제였던 창세기를 조별로 몇 장씩 나누어 분배했다. 시간을 정해 주고 자신이 맡은 분량에서 궁금한 것이 있다면 무엇이든지 종이에 써보라고 했다. 그때도 역시 아이들은 힘겨워했다. 그러나 각각 궁금한 점을 발표하는 시간에 학생들의 눈빛이 달라지기 시작했다. 질문들은 신선했다. 단어의 뜻을 주로 물어보는 그룹도 있고, 날카로운 신학적 질문을 하는 그룹도 있었다. 예를 들어, '왜 하나님은 이렇게 기분파이신가요(왜 기분이 좋았다 나빴다를 반복하시는 건가요)?', '왜 선악과를 (하필이면) 동산 중간에 두고서 먹지 말라고 하신 거예요?', '하나님은 아담과 하와를 지으셨어요. 이 두 사람의 자녀는 가인과 아벨뿐이었잖아요? 그런데 이미 존재하고 있었던 사람들은 뭐죠?' 등등의 질문이었다. 유대인들의 교육 방식에서 주목받는 것 중 하나가 '질문'이다. 항상 아이들에게 질문하라고 격려하고, 질문을 할 경우 적극적으로 칭찬해 준다.[1]

거꾸로 답하게 하라

그 자리에서 바로 답해 주지 않았다. 결론을 잠시 보류했다. 그 공을 전체 학생들에게 돌렸다. 최대한 학생들에게서 답을 끌어내기 위해 애썼다. 다른 사람에게서 나온 질문을 청소년들이 답하도록 유도하거나 그룹이 함께 성경을 찾아보면서 답하게 할 때 학생들의 눈은 빛나기 시작했다. 소수의 시간이 아니라 모두의 시간이었다. 이런 기회를 확대했다. 그다음 말씀 캠프에서는 성경 전체를 권별로 정리한 교재를 가지고 공부했다. 학생들을 조로 나눠서 각 성경을 분배했다. 자신이 맡은 부분은 책임지고 다른 또래를 가르칠 수 있도록 질문하고 공부하라고 주문했다. 일정 정도의 자습 시간이 끝나면 한 조씩 나와서 맡은 부분을 다른 학생들에게 소개하고 가르쳤다. 나와서 발표하는 아이들은 자신만의 언어로 잘 풀어

냈다. 듣는 아이들도 흥미롭게 빠져들었다. 모두가 가르치고 배우는 시간이었다.

이 방식은 하브루타 방식으로도 알려져 있다. 하브루타는 탈무드를 공부할 때 함께 토론하는 짝, 즉 파트너를 일컫는 것으로 최근에는 '짝을 지어 질문하고 토론하는 교육 방법'을 뜻하는 말로 확대 사용되고 있다.[2] 지식을 일방적으로 전달하는 방식이 아니라 거꾸로 함께 질문하고 답을 찾아가도록 도와야 한다. 그렇게 해야 진정으로 자신의 것이 된다.

'How'보다 'Who'가 중요하다

'무엇을 말하는가'보다 '누가 말하는가'

방법론보다 중요한 것

청소년 사역 초기일수록 방법론에 관심이 간다. 잘하고자 하는 마음이 클수록 바꿔야 할 것들이 잘 보인다. 뭔가를 해낼 수 있는 방법을 찾게 된다. 그러나 사역은 방법 이전에 관계다. 사역에서는 'how' 보다 'who'가 더 중요하다. 우선적으로 사역 대상과 환경을 파악하고 관계를 충분히 쌓도록 해야 한다. 개인적으로 부임한 첫 해에는 가능하면 대형 프로젝트나 많은 변화를 만들지 않기를 권한다. 충분히 관계를 맺어야 할 시간에 쌓아 올린 사역은 그리 단단하지 않을 수 있기 때문이다. 사역을 너무 서두르게 되면 관계가 서투르게 된다. 관계가 서투르면 사역이 외롭다.

공동체에 충분히 스며들라

사역을 3년으로 볼 때, 첫해는 교사들과 학생들과의 관계를 쌓는 데 집중하기를 권한다. 충분히 공동체에 스며들어야 한다. 다음 2년째에는 교사 그룹을 세우고, 학생 리더들을 세우라. 그리고 3년째에는 동역하며 사역하는 데 집중하라. 혼자 하는 것보다 훨씬 더 건강한 열매를 맺을 수 있다.

특히 학생들과의 관계는 우선해서 챙겨야 한다. 청소년들은 '어떤 말'을 하는가보다 '누가' 말하는가에 더 관심을 기울인다. 황금의 입을 가진 사람이 꿀과 같은 말을 하더라도, 자신과 가깝지 않거나 신뢰하지 않는 사람의 말은 듣지 않는다. 반면에 말하는 것은 비록 어눌해도 호감을 가진 사람이 말하면 새겨 듣는다. 이 점을 이단에서 잘 활용한다. 그들은 청소년들과 먼저 관계를 쌓고 신뢰감을 준다. 이후에 이단 사상을 심는다. 청소년들은 자신들과 관계 있는 사람의 말이기에 허무맹랑한 말에도 잘 넘어진다. 누가 말하는지는 아주 중요하다.

사역은 상대를 아는 것으로 시작한다

모래 위에 세운 성

필자의 사역 초기에 학생들을 일꾼으로 세워야 한다는 의욕이

컸다. 관계보다 많이 앞섰다. 부서 곳곳에서 학생들이 방관자가 아니라 사역자로 설 수 있도록 적극적으로 도전했다. 하지만 어느 순간부터 몇몇 학생들의 반응이 시큰둥했다. 다른 학생들을 통해 건너서 들린 말이 가슴을 아리게 만들었다. '우리 전도사님은 일 시킬 때만 연락해….' 학생들을 위한다는 열정으로 일꾼을 세웠지만 관계가 바탕이 되지 않은 사역은 아무 힘이 없었다. 좋은 가치와 열정으로 사역에 임해도 관계가 되지 않으면 모래 위에 세운 성과 같이 쉽게 무너진다.

건강한 사역은 상대를 아는 것으로 시작한다. 각 개인뿐 아니라 교회의 문화나 지역의 분위기를 잘 파악해야 한다. 역시 필자의 사역 초기였다. 의욕이 앞선 나머지 큰 실수를 했던 경험이 있다.

L 사역자의 해피엔딩

당시 청소년 사역 세계에서 큰 영향력을 가진 L 사역자가 있었다. 대형교회 청소년 사역자였고, 청소년에 관한 책도 다수 낸 실력자였다. 이분의 '주일학교 부흥' 세미나 영상 파일은 당시 많은 청소년 사역자들에게 영감을 주었다. 그 사역자들에는 필자도 포함됐다. 강의를 들으면서 힘을 얻기도 하고 도전받기도 했다.

세미나 영상 중에 특별히 인상 깊었던 부분은 수련회 때 있었던 일화였다. 특별히 사역자의 마음은 수련회 집회가 보통 주일 예배 때와 다르다. 더 애타는 시간이다. 한 해의 청소년 농사가 수련회에 달려 있다고 할 만큼 질적으로 중요한 시간이기 때문이다. 그래서 수련회 기간만큼은 학생들이 은혜를 하나도 놓치지 않고 온전히 누리기를 사모하는 마음으로 임한다. L 사역자도 마찬가지였다. 그분은 수련회 강사도 잘 아는 분으로 섭외하고 아이들에게도 신신당부했다. '이번 강사님은 개인적으로 잘 아는 분이니 집중해서 잘 듣도록' 말이다. 그런데 집회 전에 특유의 감(feeling)이 올 때가 있다. '이번 수련회 집회가 성공할지 못할지' 말이다. 집회에 임하는 학생들의 분위기를 보면 안다. 적극적으로 은혜를 구하는 분위기가 대세가 되면 희망이 보인다. 반대로 학생들의 마음이 콩밭에 가 있거나 장난치는 분위기가 주류가 되면 더 이상 볼 것이 없다. 필패다. 아마도 당시의 분위기는 위기의식을 넘어 절망스러웠던 모양이다. L 사역자는 예고 없이 집회 중간에 앞으로 나가더니 마이크를 잡았다. 흐름을 끊고는 울먹였다. 그리고 '더 이상 이대로라면 의미 없다. 이렇게 계속할 거라면 집에 가자'는 식으로 말했다. 그리고 본인 방으로 가서 울었다. 그 이후로 예상치 못한 일이 벌어졌다. 학생들이 그 방 앞으로 몰려와서 울면서 말했다. "잘못했어요. 앞으로 잘할게요." 그렇게 서로의 마음을 확인하는 시간을 가진 뒤에 집회가 재개되었다. 그때의 집회는 학생들이 가장 드라마틱하게 변화를 경험한 집회였다고 L 사역자는 회상했다. 사역자의 애타는 마음과 그 마음을 알아주는 학생들의 스토리가 감동적이었다.

필자의 비슷한 듯 다른 엔딩

청소년 사역을 시작하고 처음으로 여름 수련회를 열었다. 재적이 중고등학생 모두 합쳐서 다섯 명 정도여서 자체적으로 수련회를 하지 못하고 연합 캠프에 참여했다. 개인적으로는 캠프를 떠나기 보름 전부터 점심을 굶으면서까지 중보기도를 시작했다. 그리고 당일이 되어서 학생들이 은혜 받기를 간절히 사모하는 마음이 솟구쳤다. 캠프 첫날 집회 시간이 되었다. 참석한 다섯 명은 나의 기대와는 다르게 너무나 소극적이었다. 그곳에 모인 청소년들은 열광적으로 찬양하고 예배에 집중하는 것처럼 보였다. 우리 학생들만 빼고 말이다. 그 순간 앞서 이야기한 L 사역자의 세미나 내용이 떠올랐다. 그래서 열광적인 분위기 속에 차가운 섬처럼 멀뚱멀뚱 서 있던 아이들에게 잠깐 밖으로 나오라고 말했다. 잠시 후 모인 학생들에게 말했다. "지금 당장 짐 싸! 바로 교회로 돌아갈거야!" 학생들은 어리둥절한 표정을 하고 말했다. "왜요? 교회에 누가 돌아가셨어요?" 그때 나는 울먹이며 말했다. "아니, 너희들의 태도를 보니깐 이번 수련회는 글렀어. 더 이상 시간 낭비하지 말고 짐 싸!" 그 순간에 내심 다음의 시나리오를 기대했다. 아이들이 눈물을 글썽이며 "잘못했어요. 앞으로 잘할게요"라고 말하는 긍정적인 반응을 상상했다. 그러면 나도 조금 과했던 부분을 사과하고 모든 것이 좋게 마무리 되는 그림을 그렸던 것이다. 그런데 분위기는 전혀 다르게 흘러갔다. 학생들이 씩씩대기 시작하더니 급기야 최고참인 두 여학생은 대들기 시작했다. "전도사님이 뭔데 우리한테 짐 싸라 마라예요!" 나도 다혈질이라 욱하는 마음으로 맞받아 쳤다. 어느새 정신을 차려 보니 학생들을 승합차에 태우고 교회 방향으로 돌아가고 있었다. 수련회 첫날 저녁에 말이다. 씩씩댔던 학생들은 다들 훌쩍이고 있었다. 사태가 걷잡을 수 없게 된 것이다. 그 순간에 정신을 차리고 학생들에게 진심으로 사과했다. 급하게 추슬러 다시 수련회장으로 돌아갔다.

집회가 진행 중일 시간에 우리는 야외 데크(deque)에 앉아서 서로 얼굴을 마주했다. 그리고 내가 왜 그렇게 말했는지를 진심으로 풀어냈다. 서서히 풀어진 분위기를 이어받아 서로 밤새도록 이야기했다. 물론 다음날부터 이어지는 집회는 다들 적극적으로 참여했다. 그날 이후로 필자의 별명은 '짐 싸 도사님'이 되었다. 그때의 아이들은 지금 어엿한 성인이 되었고, 누군가는 엄마가 되었다. 그래도 여전히 '짐 싸 도사님'이라 부른다.

실패를 통해 얻은 관계에 대한 3가지 본질

그때의 에피소드를 통해 3가지를 깨달았다. 첫째, 그 아이들 개개인을 더 충분히 파악하고 알았어야 했다. 당시에 다섯 명의 청소년들은 직업 군인의 자녀들이었다. 당시 군인 교회에서 사역을 했기 때문이었다. 군인 자녀들의 상처는 대부분 잦은 이사에 있다. 짧게는 1년, 길게는 2년을 기점으로 이동하는 부모님을 따라 이사한다. 한참 예민한 시기에는 상처로 남기도 한다. 그런 학생들이 캠프장까지 가서 담당 교역자에게 "짐 싸!"라는 말을 들었으니 얼마나 상처가 됐겠는가. 만약 학생들의 상황과 내면을 충분히 파악하고 알았다면 그런 일이 일어나지 않았을 것이다. 둘째, 충분한 관계 없이는 아무리 좋은 의도라도 독이 될 수 있다. 서로 친밀함과 신뢰가 형성된 관계 속에서는 의도가 긍정적으로 해석될 수 있다. 그렇지 않으면 선한 의도조차도 부정적으로 해석될 수밖에 없다. 셋째, 나는 'L 사역자'가 아니라는 것이다. 그 상황에서는 그 선택이 적절했을 것이다. 그러나 내가 처한 상황에서는 적절하지 않았다. L 사역자 이야기 속에 깔린 서브 스토리(신뢰 관계. 진심)를 이해하기보다 단순히 겉모습만 모방하려고 했다.

유명 교회 사역자들이나 주위 교회 사역자들의 노하우를 배우는 것은 값진 공부다. 하지만 가장 우선되어야 할 것은 현장이다. 내게 맡겨진 현장을 충분히 파악하지 못하고, 사람들 속에 녹아들지 않을 때 아무리 좋은 노하우도 흉기가 될 수 있다. 본질 없이 비슷한 것은 가짜다. 맡겨진 영혼들을 충분히 아는 진짜 목양자가 되어야 한다. 이것이 자신만의 사역을 가능하게 하고 다른 사역자들의 노하우를 현장에 맞게 사용하게 한다.

더 잘 알아가기 위한 몸부림

학생들을 지속적으로 파악하고 알아가기 위해서 스스로 하는 체크리스트가 있다.

학생 사진	이름
	생일
	학교
	담임 선생님 교과목
	학원
	독서실
	가족 관계
체크리스트	이 학생이 가지고 있는 트라우마가 있는가?
	어떤 친구와 친하고 친하지 않은가(껄끄러운 관계)?
	공부에서 어떤 부분이 자신 있고 자신 없는가?
	이 학생이 재학 중인 학교의 학사 일정을 프린트해 놓았는가?
	시험 기간과 수행평가 기간을 체크하고 있는가?
	좋아하는 연예인은 누구인가?
	좋아하는 애니메이션이나 게임은 무엇인가?
	이 학생의 가족 상황(관계 상황, 재정 상황)을 잘 알고 있는가?
	이 학생과 온라인이나 오프라인으로 잡담을 한 적은 언제인가?
	이 학생의 이름을 불러 가며 기도한 적은 최근 언제인가?
비고	

이 리스트에 관해서는 새로 올라온 신입생들이나 새로 온 친구들을 대상으로 충분히 상황 설명을 한 후 인터뷰 형식으로 받을 수 있다. 작성한 내용이 처음에는 빈약할 수 있지만 계속적인 심방과 대화를 통해서 업데이트할 수 있다. 특히 담임 선생님 교과목이나

> **TIP 청소년들을 이해할 수 있는 추천 도서**
>
> **1. 이정현, 《심리학, 열일곱 살을 부탁해》**
> 청소년들의 깊은 고민과 전문가의 성찰이 담긴 책이다. 오랜 시간 청소년과의 만남을 통해 축적된 지혜를 얻을 수 있다.
>
> **2. 문지현·박현경, 《부글부글 십대 말하고 싶어요》**
> 청소년들의 글을 토대로 만든 심리 에세이이다. 청소년만의 고민과 상처를 간접적으로 들여다볼 수 있다.
>
> **3. 정옥분, 《발달심리학》**
> 연령별 발달심리에 관한 학술서이다. 청소년기만이 아니라 그 이전과 이후의 유기적인 관계 속에서 체계적으로 파악하도록 돕는다.

학원 및 독서실(혹은 도서관)을 알아 두는 것은 대화를 풍성하게 한다. 그 장소를 지나다가 시간이 맞으면 잠깐 나오라고 해서 작은 간식을 건네주고 응원을 해주면 관계의 거리를 좁히는 데 도움이 된다. 무엇보다 구체적으로 기도하도록 돕는다.

이 리스트에서 주의할 내용도 있다. 세 가지로 정리할 수 있다. 첫째, 인터뷰는 직접 만나서 하는 것도 좋지만 사람에 따라서는 위화감을 느낄 수 있기 때문에 전화 통화나 SNS를 통해서 자연스럽게 소통하는 것을 추천한다. 둘째, 개인정보에 특히 유의해야 한다. 가능하면 전화번호나 주소와 같은 개인정보는 적지 않는 것이 좋다. 이 파일이 유출되지 않도록 개인 파일마다 비밀번호를 걸어야 한다. 셋째, 오해를 부를 수 있는 '개인 이름'(예를 들어 좋아하거나 싫어하는 사람)을 기재하지 않아야 한다. 이 내용은 꼭 용지에 쓰지 않아도 기억 속에 저장해 두기를 권한다.

학생들은 흐르는 강물처럼 끊임없이 변한다. 리스트를 작성하다 보면 학생의 성장 흐름을 파악할 수 있다. 그리고 기억보다 기록이 더 선명하고 쓸모 있다.

이와 같이 청소년들을 개인적으로 아는 방법도 있지만 일반적으로 아는 방법도 있다. 청소년 일반이나 심리를 다루는 도서를 참고하면 유익하다.

나는 죽고 주로 사는 예배

주와 함께 죽고 주로 사는 예배

'청소년 중심'에서 '하나님 중심'으로

예배가 가능한 이유는 예수 그리스도의 죽으심 때문이다. 그리스도께서 죄인을 대신해 제물이 되지 않으셨다면 예배는 불가능하다. 예배는 본질적으로 자기가 죽는 시간이다.[3] 나를 내려놓고 주님만 붙드는 시간이다. 나의 무능함을 인정하고 주의 전능하심을 고백하는 시간이다. 주와 함께 죽을 때 주와 함께 살 수 있다.

왜 우리 예배에 아무 힘이 없는가? 왜 예배에서 회복이 일어나지 않는가? 음향 시설이 좋지 않아서인가? 설교가 탁월하지 않아서인가? 아니다. 예배에서 죽지 않기 때문이다. 예배에서 죽는 다는 것은 무엇인가? '나 중심'에서 벗어나 '하나님 중심'으로 돌이키는 것이다. 청소년 예배 사역에서 늘 경계해야 할 유혹 중 하나는 '청소년 중심'으로 예배를 디자인하는 것이다. 현대 청소년 예배는 학생들의 편의와 기호에 맞춰 기획하는 경향이 짙다. 예를 들어 예배의 다양한 순서를 단순화해서 찬양 집회 형식으로 편집한다. 그리고 오락과 활동 중심의 예배를 드린다. 그러나 진정한 예배는 '하나님 중심'이 아닌 '나 중심'으로 살아왔던 죄를 고백하고 회개하는 시간(참회의 기도)이 고정적으로 있어야 한다.[4] 역사적으로 '키리에 엘레이손(Kyrie Eleison)' 즉 '주님, 우리를 불쌍히 여기소서'라는 기도가 예배 속에 중요한 위치를 차지했다. 자신의 무능을 고백하고 하나님의 능력을 인정하는 시간이 고정적으로 배치되어야 한다.

예배 그 자체가 목적이 되게 하라

나는 죽고 주로 사는 예배는 '예배 그 자체가 목적'이 되는 예배다. 보통은 청소년 예배를 교육적 차원에서 접근한다. 예배에서 고백되는 사도신경, 주기도문은 교육적 내용으로 가득하다. 찬양 가사에도 교육적 메시지가 있다. 물론 설교도 마찬가지다. 그러나 예배에서 교육은 효과이지 목적이 될 수 없다.

예배에서 교육이 목적이 되면 누군가는 예배자에서 제외된다. 보통은 교역자와 교사다. 누군가 제외되는 예배라면 그것이 온전한 예배라고 할 수 있는가? 아니다. 누구 할 것 없이 예배자가 되어야 한다. 왜냐하면 예배의 유일한 목적은 교육이 아니라 거룩하신 하나님을 경배하는 것에 있기 때문이다.

청소년 예배를 전도적 차원에서 접근하기도 한다. 새신자 중심의 예배라고 할 수 있다. 소위 구도자 예배(Seekers Worship)로 알려진 새신자 중심의 예배는 장점이 많다. 처음으로 교회를 방문한 사람들에게 위화감을 최소화한다. 이런 시도는 새신자의 접근성을 용이하게 한다. 특히 청소년 예배를 이런 형식의 예배로 꾸리는 것은 신선해 보일 수 있다. 한국의 몇몇 청소년 예배에서도 이렇게 예배를 드린다. 새신자들을 배려해서 문턱을 낮추는 노력은 필요하다. 그러나 전도축제와 같은 특별 예배를 제외하고, 예배 자체를 새신자 중심으로 두는 것은 적절하지 않다. 마르바 던은 "교회에서 예배와 관련해서 일어나는 문제는 예배와 복음 전도를 혼동하기 때문이다"[5]라고 말한다. 예배를 전도의 차원에서 접근하는 것은 하나님 중심에서 벗어나는 것이기 때문이다. 예배 자체가 유일한 목적이 되도록 해야 한다. 만약 새신자 중심의 예배를 메인 예배로 선택한다면 기존 청소년의 예배 자세나 집중도에 대한 하향평준화도 극복해야 할 과제다. 사람은 분위기에 영향을 많이 받기 때문이다. 새신자를 위해서는 주일에 일회성으로 하거나 평일에 따로 집회 형식으로 진행하고 주일 예배는 온전히 예배드리는 데 집중하기를 권한다.

앞선 사람이 먼저 죽어야 산다

죽는 예배가 되기 위해서는 앞선 사람들이 먼저 죽어야 한다. 교역자와 교사, 그리고 리더들이다. 철저한 기도로 준비되어야 한다. 예배를 앞두고 허둥지둥하거나 정신을 빼앗기면 안 된다. 특별히 예배 인도자는 가장 먼저 예배실로 와서 그날의 예배를 위해 기도해야 한다. 최소 30분 정도는 따로 떼어서 예배를 위해 기도해야 한다(당일에 여건이 안 되면 전날에라도 말이다). 개인적으로 주일 아침이 되면 학생들이 앉을 의자를 붙들고 기도한다. 하나씩 앉아서 기도하기에는 시간이 부족하다. 그래서 한 열씩 차례로 앉아서 기도한다. "주님, 오늘 이 의자 열에 앉아 예배드리는 청소년들이 주님을 만나게 하옵소서." 어떨 때는 눈물이 의자에 떨어지기도 한다. 상징적이지만 마음을 쏟아 드리는 기도는 힘이 있다.

예배 전 교사 기도회도 심혈을 기울여야 할 시간이다. 때에 따라서는 교사들 간의 친교나 예배에 대한 정보를 소통하는 시간으로 활용할 수 있다. 그러나 예배 전 교사 기도회 시간이야말로 예배의 승패를 결정하는 시간이다. 이 기도회의 본질은 교역자와 교사가 먼저 예배자로 준비되는 것이다. 앞선 자들이 예배자로 합당하게 준비되는 것이다.

찬양팀이 죽어야 산다

찬양팀이 죽어야 예배가 산다. 콘서트의 목적은 자신을 뽐내고 사람들의 반응을 이끌어 내는 것이다. 예배는 정반대다. 예배의 목적은 자신을 가리고 하나님께 영광을 돌리는 데 있다. 예배는 콘서트가 아니다. 하지만 지속적인 훈련 없이는 콘서트로 흘러갈 가능

주차	훈련 내용	주제
1	예배자로의 부르심	하나님과의 관계
	예배란 무엇인가?	예배의 정의
2	나는 무엇을 예배할 것인가?	예배의 대상
	하나님이 기뻐하시는 찬양	예배의 합당함
3	찬양팀은 예배에서 어떤 역할일까?	예배 순서 안에서의 찬양
	찬양팀이 하나 될 수 있을까?	찬양팀의 질서
4	찬양팀 각자의 역할은 무엇일까?	찬양팀의 자질
	예배, 나는 죽고 주로 살다	훈련 전체 정리

성이 크다. 찬양팀은 매주 사람들 앞에 서서 회중을 이끌어야 하기 때문이다. 예배 본질의 외적인 부분(분위기. 사람들의 호응)에서 만족을 느끼거나 좌절하기도 한다. 이렇게 찬양 인도와 콘서트의 경계를 넘나든다. 찬양팀이 예배자가 되지 않는다면 그저 예배의 한 부분을 담당하는 것에 지나지 않는다. 예배는 우리의 생각보다 크다는 것을 알아 가도록 해야 한다. 찬양팀으로 하나님 중심이 되도록 훈련하라. 위 표는 찬양팀 훈련에 대한 기본적인 내용이다.

　찬양팀 훈련은 큐티와 기도 훈련을 병행하기를 추천한다. 찬양팀 연습은 전날에 완료하고 주일 당일에는 큐티 나눔과 기도 시간을 가질 수 있도록 하는 훈련이 필요하다. 주중에는 설교자와의 소

통을 통해서 하나 된 주제로 콘티를 준비하도록 한다. 설교 후 찬
양 시간에는 가능하다면 교사 팀을 세우고 여의치 않다면 악기를
최소화해서 찬양팀 학생들도 회중으로 들어가 찬양하고 기도할 수
있도록 해야 한다. 이것 자체가 찬양팀에게는 예배에 대한 메시지
가 된다.

휴대폰이 죽어야 예배가 산다

요즘 청소년들을 일컬어 '폰아일체'라는 말을 쓴다. 휴대폰과 자
아가 하나라는 뜻이다. 손에서 휴대폰을 놓지 않는 청소년들의 모
습을 빗대어 나온 말이다. 휴대폰은 '폰이 나인지, 내가 폰인지' 헷

갈리는 청소년들에게 예배를 방해하는 강력한 걸림돌이 된다. 조금 더 극단적으로 말해서 휴대폰을 손에 쥐고 예배하는 것은 하나님을 예배하기보다 휴대폰을 예배하게 되기가 더 쉽다. 그래서 필자는 꽤 오랜 시간 동안 외쳤다. "여러분을 믿지 마십시오. 휴대폰의 전원을 끄지 않는 예배는 망합니다. 예배는 휴대폰의 전원을 끄면서 시작됩니다." 학생들이 처음에는 전혀 듣지 않았다. 필사적으로 자신의 휴대폰을 사수했다. 심지어 같은 말을 반복했을 때 화를 내기도 했다. 하지만 지속적으로 진지하게 도전했을 때 반응했다. 예배를 시작하기 전 '휴대폰 죽이기 타임'이 있다. 휴대폰을 높이 들어 올려 전원을 끄는 퍼포먼스 시간이다. 갈수록 학생들은 자원해서 휴대폰 전원을 껐다. 그리고 휴대폰을 반납했다. 이 퍼포먼스 자체가 예배에 대한 중심을 가다듬는 시간으로 자리 잡았다.

청소년들이 응답하는 예배

청소년들이 반응할 수 있는 기도회를 디자인하라

흔히 청소년 예배에서는 설교 후 기도회로 반응의 시간을 가진다. 메시지에 맞는 찬양을 선곡하고 기도회를 한다. 이 시간을 하나님 중심으로 디자인하라. 청소년 설교자는 '계시와 응답'으로 예배를 인식해야 한다.[6] 예배 속에서 하나님의 계시가 선포되고 동시에 청소년들이 반응하는 것이다.

설교 후 기도회는 '청소년들이 행해야 하는 것(doing)' 보다는 '청소년들이 이미 된 것(being)'에 초점을 맞추라. 그리스도인의 삶의 대부분은 하나님의 말씀과 그분이 하신 일에 대한 응답이다.[7] 보통은 메시지를 듣고 '행하는 것'에 초점을 두기가 쉽다. '성경 읽겠습니다', '매일 기도하겠습니다', '용서하겠습니다' 등의 결단이다. 때론 이것도 필요하다. 하지만 이 패턴도 반복되면 결단 중독에 빠지게 한다. 결단 중독은 2가지의 부정적인 결과를 가져 온다. 첫째, 결단을 의미 없게 만든다. 마치 중언부언처럼 말이다. 둘째, 결단으로 인해 좌절에 빠지게 만든다. 결단에 걸맞은 행동이 따라 주지 못했을 때 스스로 자책하고 정죄하게 된다.

단순히 '하나님, ○○○을 하겠습니다!' 류의 행동 결단은 자기 중심으로 흐르기 쉽다. '하나님은 이미 ○○○되게 하셨음을 믿습니다!'와 같이 '하나님이 이미 이루신 일'에 초대하는 데 초점을 맞추라. 신앙생활의 중심이 자아가 아니라 하나님이 되도록 기도하라.

마음으로 드리는 고백을 하게 하라

설교 후에는 기도회와 다른 반응의 시간을 가질 수 있다. 자신의 마음을 담아 글을 쓰는 시간이다. 일명 '마음으로 드리는 예배'[8]이다. 설교 후에 학생들은 느낀 점이나 깨달은 점, 회개하는 것이나 간구하는 것을 기도 형식으로 작성하고 별도로 준비한 바구니에 담는다. 이것을 모아서 '고백적으로 쓴 글'을 선정한다. 다음 주 예배를 시작하면서 스크린에는 지난 '마음으로 드리는 예배'의 고백을 띄워 준다.

이때 중요한 것은 고백하는 이의 익명성 보장이다. 처음 이것을 청소년 예배에서 시작할 때는 진통이 많았다. 한 가지 원칙 때문이었다. '담당 교역자에게만 이름을 공개한다'는 것이었다. 한번은 어느 교사가 교사들을 제외시켰다는 점을 불편해하며 '불쾌하다'는 표현을 직접적으로 했다. 이 결정이 폐쇄적이고 권위주의적으로 비칠 수 있었지만 그럴 수밖에 없었던 이유가 있다. 고백의 진실성을 확보하기 위해서였다. 학생들뿐만 아니라 대부분의 사람들은 '누군가가 본다'고 생각하면 고백도 포장하기 쉽다. 심지어 사람들의 손에 손을 타서 자신의 부모님에게도 전달될 가능성이 있다면 그 고백은 모범 답안으로 흐를 위험성도 있기 때문이다. 처음 마음으로 드리는 예배를 시작하던 주일, 학생들에게 단호하게 말했다. "누가 썼는지는 누구에게도 공개하지 않을 것이다. 선생님들께도, 부모님들께도, 친구들에게도 보여 주지 않을 것이다. 다음 주 예배 전에 보여 주기 위해서만 확인할 것이다. 사람에게 하지 말고 하나님께 고백해 보라!" 그날 이후 계속해서 이 원칙을 고수했다. 그런 원칙 때문인지 몰라도 매주 학생들이 써내려 가는 고백은 날로 깊어졌다. 매주 예배 전 지난 고백의 내용을 띄울 때면 모두가 숙연해졌다. 자신의 고통을 날것으로 토해 내며 하나님의 은혜를 구하는 고백을 하는가 하면, 자신의 은밀한 죄까지도 내어 놓고 간구하기도 한다. 힘든 시간을 지내고 있지만 하나님이 계시는 것만으로도 감사하다고 고백하는가 하면, 실패 속에서도 말씀을 붙들고 하루하루 살겠다고 결단하는 글도 써내려 간다. 한번은 한 중학생의 고백이 띄워졌다.

저는 어릴 때부터 교회를 다녔습니다. 그런데 하나님만을 생각하며 살았던 것은 초등학교 3-4학년 때까지였습니다. 그 뒤로는 하나님을 의심하고, 인간인 제가 하나님을 이성으로만 이해하려고만 했습니다. 그래서 저는 마치 유다처럼 왔다 갔다 하다가 하나님을 원망하기도 했습니다. 그랬던 제가 너무나도 부끄럽고 창피합니다. 하지만 전 지금도 하나님에 대해 의심을 합니다. 그런데 가만히 보니 저를 하나님께 맡기지 못하고 있는 것 같습니다. 제가 하나님을 의심하고 불만을 가지기보다 저를 맡기는 결심을 하기 원합니다. 저를 하나님께 맡기게 해주세요. 예수님만 붙들고 싶습니다.

이 글은 학생 예배자들로 공감을 끌어내고 깊은 고백 속으로 초대했다. 마음으로 드리는 예배의 진가는 졸업 예배를 드릴 때이다. 졸업생들에게는 그간 예배 때 개인적으로 썼던 것을 모아서 책으로 만들어 줬다. 이 선물은 2가지 교육 효과를 주었다. 믿음의 축적성과 성장성이다. 지난 몇 년간 자신의 고백이 쌓인 것을 볼 수 있고, 점점 고백이 깊어진다는 것을 볼 수 있기 때문이다. 졸업예배 때 상대적으로 얇은 책을 받은 학생들은 두꺼운 책을 받은 학생들을 보며 부러워한다. 성실하게 고백했던 학생들은 그것이 큰 힘이 될 날이 올 것이다. 믿음 생활은 스쳐 지나가는 것이 아니라 우리의 몸에, 종이에 흔적을 남긴다는 것을 매 예배 때마다 경험할 필요가 있다. 예배는 흔적을 남긴다.

청소년 설교자는 크리에이터가 아니라 큐레이터다

청소년 설교의 신화

청소년 설교는 종합고문이다?

청소년 설교는 고난도이다. 청소년 설교에 대한 2가지 신화가 있다. 첫째, '청소년은 설교를 안 듣는 것 같으면서도 듣는다'는 것이다. 사실 안 듣는다. 공감이 가지 않거나 이해되지 않으면 안 듣는다. 이건 비단 청소년만이 아니라 성인들도 마찬가지다. 둘째, '청소년들한테는 재밌게 설교하기만 하면 된다'는 것이다. 물론 재밌는 설교는 잘 듣는다. 하지만 그때뿐일 때가 많다. 웃는 것에 정신을 빼앗기다 보면 영혼에 진정으로 담아야 할 것을 놓친다. 알맹이는 남는 것이 없다. 결과적으로 설교를 안 들은 것이다. 그래서 청소년 설교는 종합예술이라고 여겨질 때가 많다. 내용과 재미, 본질과 형식 어느 부분도 소홀히 여길 수 없다. 좋게 말해서 종합예술이지, 현실은 '종합고문'이다.

청소년 설교자는 크리에이터가 아니다

'청소년 설교'를 말하기 전에 '청소년 설교자'가 누구인지 논해 보자. 청소년 설교자는 청소년들의 호응을 이끌어야 할 것 같은 압박을 느낀다. 그렇게 해야 청소년들이 듣는 것처럼 느껴지기 때문이다. 그래서 관심을 끌어낼 흥밋거리를 찾게 된다. 필자가 고등학생 때였다. 고등부를 담당했던 목사님은 매주 개인적으로 숙제를 내줬다. 학생들이 반응할 만한 유머 이야기를 가져오는 것이었다. 준비해 간 유머 스토리는 여지없이 그 주일 설교 시간에 등장했다. 나도 매주 청소년들에게 설교해야 하는 '처지'가 되고 보니 그 목사님이 오죽했으면 담당 학생에게 유머를 부탁했을까 하는 생각이 들었다. 요약하자면 청소년 설교자들은 설교에 있어서 호응을 끌어내고 창의적으로 만들어 내야 하는 크리에이터(creator)가 되어야 할 것 같은 부담감을 겪는다. 사역이 온라인으로 지평이 넓어질수록 더 가중된다.

청소년 설교자는 큐레이터다

청소년 설교자는 크리에이터가 아니라 큐레이터(curator)다.[9] 전자는 만들어 내는 데 초점이 있다면 후자는 소개하는 데 초점이 있다. 미술관으로 비유하자면 미술 작품은 성경이고, 관람객은 청소년, 큐레이터는 설교자로 볼 수 있다. 큐레이터가 관람객을 작품 세계로 초대하고 관람객은 그 작품의 면면을 알고 돌아간다. 이처럼 설

소개하는 내용	큐레이터가 소개하는 〈별이 빛나는 밤〉[10]	설교자가 소개하는 성경 본문
1. 저자의 의도	이 작품의 작가인 반 고흐는 '무한함에 대한 동경'의 의미를 담아 이 그림을 그리게 되었어요.	이 본문의 저자는 ○○○ 독자들에게 ○○○ 의도로 전달하고 있어요.
2. 본문의 역사적·문화적·언어적 배경 해석	이 작품 속에 나오는 '황량하고 짙은 파란색 하늘'은 세상의 종말을 가리킵니다.	이 본문의 배경은 ○○○이에요.
3. 설교자(또는 공동체)가 경험한 본문의 세계	저는 이 작품을 만났을 때 진흙 속에 있는 진주 같이 어둠속에 있는 희망을 발견했어요.	저(또는 공동체)는 이 본문에서 ○○○을 경험했어요.
4. 본문의 세계가 청중에 침투	여러분에게도 이 작품과 같이 어둠 속에서 희망을 발견하려는 노력들이 있지 않나요?	여러분에게도 이 본문에서 나오는 ○○○이 있지 않습니까?
5. 하나님 나라로의 초대와 파송	이제 여러분의 마음속에 빈센트 반 고흐의 '별이 빛나는 밤'을 담아 가시길 바랍니다.	하나님은 ○○○으로 부르십니다. 이것에 반응하며 살아갑시다.

교자는 청소년들을 성경의 세계에 초대하고 청소년들은 그 성경의 흔적을 안고 돌아간다. 이 큐레이터의 구도로 청소년 설교의 요소를 살펴보면 위와 같다.

큐레이터가 작품을 소개하는 방식은 증명이 아니다. 증언이다. 자신(또는 공동체)이 작품을 보았고, 들었고 경험한 것을 전달하는 방식이다. 마찬가지로 청소년 설교자는 성경을 증명하는 사람이 아니다. 성경을 증언하는 사람이다. 성경 속의 진리를 보았고, 들었으며(공부), 경험한 것(삶의 실천)을 증언하는 것이다.

청소년 설교의 전략 T·P·O

청소년 설교에는 전략이 필요하다. 그것이 무엇일까? 패션의 전략으로 T·P·O(Time, Place, Occasion)를 꼽는다. 의복을 시간과 장소와 상황에 따라 착용하는 것이다. 청소년 설교의 전략 역시 T·P·O(Time, Point, Opportunity)로 알아볼 수 있다. 시간과 요점, 기회의 순으로 알아보자.

T(Time), 천천히 서두른다

설교는 충분히 숙성되어야 한다

설교는 음식으로 비유하면 패스트푸드(fast food)가 아니다. 슬로푸드(slow food)다. 충분히 숙성되고 발효된 음식이 속을 편안하게 하고 소화를 원활하게 한다. 충분히 준비된 설교가 청소년들의 속사람을 강건하게 하고 삶에 여운을 준다. 하지만 적지 않은 경우에 설교는 설교자 스스로도 소화시키지 못할 정도로 설익었을 때가 많다. 당연히 좋은 영향이 전달될 리 만무하다. 설교를 위해서는 우선 시간 확보를 해야 한다. 이 사실을 모르는 사람은 없을 것이다. 하지만 지속적으로 발버둥치는 사람은 많지 않다. 그 대가는 '주말 공포 증후군'이다. 주말이 다가올수록 심장이 조여 오고 가슴이 답답해진다.

청소년 사역은 바쁘다. 교사와 학생들을 만나고 행사들을 준비하다 보면 어느새 설교를 '해내야' 하는 소용돌이에 휩쓸린다. 필자 역시 토요일 저녁, 앙상한 설교 원고를 놓고 자주 이렇게 기도했다. "주여, 학생들을 봐서라도 불쌍히 여겨 주옵소서." 설교 준비가 어설프다는 것은 누구보다 청소년들이 잘 안다. 설교를 듣는 이들의 표정은 마음의 상태를 너무나 투명하게 비춘다. 그 표정을 보는 설교자는 쥐구멍에라도 들어가고 싶은 마음이다. 그렇다면 어떻게 시간을 확보해서 안정적으로 설교할 수 있을지를 알아보자.

설교 본문을 3개월 전에 정하기

한 해를 4분기로 나누면, 1분기는 3개월이다. 설교 본문을 미리 정해 보자. 3개월 전에 정하면 가장 실효성이 높다. 예를 들어 4월의 설교 본문을 1월에, 7월의 본문을 4월에 미리 정하는 것이다. 보통 청소년 설교는 주제 설교나 강해 설교다. 3개월 단위로 미리 본문을 정해 놓으면 전체 흐름을 파악할 수 있고, 본문을 균형적으로 배치할 수 있다. 청중에게 필요한 것을 다각도로 고민해서 누수되는 곳이 없는지 충분히 살필 수 있다. 만약 본문을 큐티 책이나 공과 책에 따라 선정한다면 이런 수고를 조금 덜 수 있다. 하지만 이렇게 정해진 틀이 있어도 1, 2분기 정도는 필요한 주제를 다루는 본문을 정하면 좋다.

설교 준비를 3주 전부터 시작하기

설교 준비를 3주 전부터 시작해 보자. 각 주별로 어떻게 준비하면 좋을까? 3주 전에는 성경 본문을 주해하는 작업을 한다. 본문의 역사와 문화, 언어에 대한 기본적인 분석 작업이다. 본문의 세계를 공부하는 것이다. 2주 전에는 성경 본문을 충분히 묵상한다. 설교자 자신과 청소년에 대한 하나님의 뜻을 곱씹어 보는 작업이다. 성경의 세계를 현재의 세계에 대입해 보는 것이다. 성경을 분석하고 나면 삶에 일어나는 모든 일들이 설교의 재료가 될 수 있다. 평범한 일상이 묵상으로 인해 생생하게 살아난다. 누군가를 만나서 나눈 대화나 어떤 일을 겪으면서 느낀 단상을 잘 메모해 두는 것도 하나의 팁이다. 마지막 주는 실제적으로 설교안을 작성한다. 본문을 분석하고 묵상한 것을 바탕으로 개요와 내용을 만드는 작업이다. 각 주마다 본문을 주해하고 묵상하고 원고를 작성할 때 잊지 말아야 할 것이 있다. 월요일에 시작하라는 것이다. 신학교 도서관이나 지역 도서관을 찾아서 반나절 정도를 투자한다면 풍성한 수확을 맛볼 것이다. 그래서 설교하는 주 목요일까지 원고 작성을 마무리해 보자. 여기서 중요한 것은 원고를 충분히 내면화해야 한다는 것이다. 금요일과 토요일은 원고를 숙지하라. 적어도 완성된 원고를 7번 이상은 읽어야 한다. 그리고 성령님의 인도를 구하는 시간을 충분히 가지라. 이렇게 설교 준비는 임박해서 착수하기보다 장기적인 안목으로 천천히 서두를수록 좋다. 일찍 공략하고 매일 공략하자.[11]

준비 시기	설교 준비 과정	준비 내용
3주 전	성경 본문 주해(당시의 역사, 문화, 언어)	본문의 세계를 공부
2주 전	성경 본문 묵상(오늘날 하나님의 뜻)	본문을 현재에 대입
1주 전	원고 작성과 내면화(원고 작성 시작은 무조건 일찍)	공부와 묵상을 숙지

학생 리더들과 동역하기

정해진 본문을 청소년들의 삶과 관련해서 묵상할 수 있는 방법이 있다. 설교 한 주 전에 학생들의 도움을 받는 것이다. 학생 리더들도 좋고, 설교 준비를 위한 팀을 꾸려도 좋다. 특정 주제와 관련해서 하나님의 뜻을 묵상하거나 원고를 작성할 때 청소년들과 함께 설교에 대해 나누는 것도 도움이 된다. 예를 들어 '순종'에 관한 주제를 놓고 청소년들은 어떤 고민들이 있는지, 어떤 경험들이 있는지, 어떤 이미지를 가지고 있는지를 듣고 함께 고민하는 것이다.[12] 이런 과정은 2가지 긍정적인 역할을 한다. 첫째, 본문의 내용을 청소년의 입장에서 보게 한다. 본문에 대한 청소년들의 오해와 난해함을 이해하는 시간이 된다. 둘째, 청소년의 언어로 설교문을 작성하게 한다. 그리고 본문의 해석과 적용이 청소년들에게 더 와닿도록 한다. 이 과정을 활용하면 본문과 청소년들과의 거리를 좁히는 데 도움이 된다.

사진 작가 로버트 카파가 남겼던 말 "당신의 사진이 좋지 않다

가끔 설교 본문이 정해지지 않아서 애를 먹을 때가 있다. 그나마 주제 설교나 강해 설교는 범위가 좁아서 본문 선정이 수월하다. 하지만 그 외 일반 설교 본문은 상대적으로 범위가 넓고 매주 새롭게 선정해야 하는 어려움이 있다. 개인적으로 본문을 선정하기가 힘들 때 사용하는 방법을 소개하고자 한다.

1. 하나님이 한 청소년에게 말씀하시는 본문을 찾으라

한 청소년을 심방하거나 상담할 때 학생의 문제와 고민을 알게 된다. 하나님께서 그 학생에게 주시고자 하는 말씀을 구하고 본문으로 선정하는 것도 방법이다. 보통은 그 학생만의 고민과 문제로 그치지 않는다. 정도의 차이가 있을 뿐 일반적으로 공유하고 있는 경우가 많다. 한 학생에게 하는 말씀이 대부분의 학생에게 해당된다.

2. 하나님이 설교자에게 말씀하시는 본문을 찾으라

설교자는 전달자이면서 청중이다. 설교자가 개인적으로 가지고 있는 이슈와 고민을 중심으로 하나님의 말씀을 구해 보라. 청소년들이 관심을 지니고 있지 않은 이슈일 수도 있다. 하지만 그 이슈로 청소년들에게 문제 제기를 하며 설교를 꾸려 가는 것도 방법이다. 개인의 주제가 모두의 주제가 되도록 하는 것이다.

3. 하나님이 지금의 공동체에게 말씀하시는 본문을 찾으라

청소년 공동체의 이슈나 현실에 대한 하나님 말씀을 구하고 본문으로 선정하는 것이다. 설교의 대상은 개인적이면서 공동체적이어야 하기 때문이다. 모두에게 해당되는 이슈를 개인의 주제가 되도록 하는 것이다.

면, 그것은 피사체에 충분히 다가가지 않았기 때문이다"[13]를 설교에 응용하면 다음과 같이 말할 수 있다. "당신의 설교가 좋지 않다면, 청소년들에게 충분히 다가가지 않았기 때문이다."

교사들에게 동역을 요청하기

준비되지 않은 설교를 방지하기 위해서 교사들의 도움을 구하는 방법이 있다. 개인적으로 그 주 설교나 소그룹 내용을 목요일까지 작성하고 교사들에게 공유했다. 교사들에게 처음 이것들을 공유하면서 다음과 같이 부탁했다. "매주 목요일까지 그 주 설교안과 소그룹 안을 공유해 드리겠습니다. 선의의 감시자가 되어 주시길 부탁드립니다. 목요일이 지나서도 공유하지 않으면 게으른 것이라 여겨 주시고 긍휼의 마음으로 중보기도 부탁드립니다." 이런 공유는 교사들에게 소그룹을 준비할 시간을 준다. 그리고 설교자가 설교 내용을 충분히 숙지하고 기도할 시간을 확보하게 하는 선한 장치가 된다.

P(Point), 명확한 포인트로 전달한다

그리스도를 향하도록 설교한다

청소년 설교의 핵심은 예수 그리스도를 소개하는 것이다. 그리스도의 위격과 성품, 사역을 전하는 것이다.[14] 청소년 설교를 통해 예수 그리스도를 전해야 한다. 하지만 이 말은 자칫 잘못하면 오해를 가져다줄 수 있다. 모든 성경 구절을 그리스도 중심적으로 해석하고 설교해야 한다는 오해이다. 성경 속에는 그리스도를 직접적으로 나타내는 본문도 있지만, 관계가 없는 본문도 있다. 모든 성경이 그리스도를 향해 있지만, 모든 본문이 그리스도를 가리키지는 않기 때문이다. 그리스도 중심적으로 설교해야 한다고 해서 마치 하나의 틀로 찍어 내듯이, 모든 본문에서 그리스도를 뽑아 내는 오류를 범할 수 있다. 하지만 청소년 설교에 있어서 그리스도 중심의 설교는 모든 본문에서 그리스도를 향하게 해야 한다. 이를 그리스도 목적적 설교라고 할 수 있다. 이미 오신 그리스도의 사건이라는 렌즈로 본문을 이해하는 것이다.[15] 예를 들어, 아브라함이 이삭을 바치는 장면(창 22:1-19)을 설명하면서 아브라함을 하나님으로, 이삭을 예수님으로 성급하게 대입하지 말라. 본문이 예수님을 향하게 하라.

본문 설명	하나님은 아브라함에게 절대적인 순종을 요구하셨습니다.
본문 적용 1	하나님이 우리에게 원하시는 순종은 (조건적이거나 상대적이 아닌) 절대적인 순종입니다.
본문 적용 2	우리는 절대적인 순종을 할 수 있을까요? 100퍼센트 완벽하게 순종할 수 없습니다.
문제 제기	하나님의 절대적인 순종과 인간의 부분적인 순종이라는 딜레마를 어떻게 해결할 수 있을까요?
그리스도 목적적 적용	하나님은 이 딜레마를 예수 그리스도를 통해서 해결하셨습니다.

원 포인트(One Point)로 설교한다

설교를 한 문장으로 요약할 수 있어야 한다. 다중 포인트는 청소년들의 집중력을 흐리게 한다. 설교를 들어도 예화나 유머와 같은 부수적인 면만 남게 한다. 하지만 하나의 포인트는 듣는 이들의 집중도를 높일 뿐만 아니라 중심 메시지가 남게 한다. 설교는 한 문장으로 표현될 수 있도록 포인트를 잡아야 한다. 원 포인트 설교를 위한 2가지 방법이 있다. 먼저 설교 원고를 작성하면서 첫머리에 한 문장으로 표현해 본다. 이는 원고를 작성하면서 큰 주제에서 이탈하지 않도록 해준다. 그리고 본문을 통해 얻는 적용점을 마지막에 다루지 않고 설교 초반에 언급해 본다. 예를 들어 설교의 적용을 '주 안에서 항상 기뻐하라'라고 정했다면 설교 초두에 질문 형식으로 다음과 같이 시작한다. "여러분 주 안에서 항상 기뻐하라고 하셨는데 왜(혹은 어떻게) ○○○일까요?" 이렇게 시작하면 설교의 시작과 끝이 연결된다. 그래서 하나의 흐름이 되도록 돕는다.

플러스가 아니라 마이너스로 설교한다

청소년 설교는 플러스가 아니라 마이너스다. 청소년들에게 많은 이야기를 해주고 싶은 마음은 '마음만'으로 충분하다. 원고를 작성하고, 최대한 명료하게 다듬어야 한다. "더 적게 말하는 것이 더 많은 것을 말하게 한다."[16] 청소년 수련회 때 일이다. 첫날 저녁 설교를 마치고 다음 날이 되었다. 중학교 1학년 여학생이 찾아와서는 부탁을 했다. 오늘 설교를 5분 안에 끝내 달라는 것이다. 저녁에 놀 시간이 부족하다는 이유였다. 그러면서 그 아이는 조용히 한마디를 했다. "설교는 단순명료해야 해요." 그 학생은 다른 목적을 위해 그런 말을 했겠지만, 나는 그 말이 천둥소리처럼 들렸다. 그리고 바로 메모장에 받아 적었다. '그래, 설교는 단순명료해야 한다.' 앞으로 전할 설교의 원고를 훑어봤다. 내용 전개에 있어서 잔가지들이 많았다. 청소년들을 집중시키기 위한 유머라든가, 마치 뭔가 많이 안다고 과시하려는 듯한 전문 용어들도 보였다. 그래서 설교 원고에 '더 신선한 내용을 첨가할 게 없을까?'를 고민하기보다 '더 분명한 내용을 위해 뺄 것이 무엇일까?'를 고민했다. 그 과정은 고통스러웠다. 마치 제 살을 깎는 기분이었다. 책을 보며 열심히 연구한 내용을 빼기도 하고, '이건 학생들에게 먹힐 것 같다'는 재밌는 내용도 뺐다. 전해야 하는 그리스도를 약간이라도 가릴 내용이라면 과감하게 뺐다. 최종적으로 그리스도가 얼마나 아름다운 분이신지만 남겼다. 이렇게 둘째 날 저녁 설교를 했다. 전하는 필자 자신이 달라졌음을 확연히 느껴졌다. 아이들의 반응도 확연히 달라졌다. 단순히 설교가 재밌었다는 반응보다는 그리스도를 더 깊이 알게 됐다고 전했다. "설교는 단순명료해야 해요"라는 한 청소년의 말은 진리다.

TIP 설교에서 빼면 좋을 3가지 요소

1. 이해하기 어려운 단어를 빼라

어려운 단어를 빼라. 청소년들의 언어를 사용하라. 이 말은 청소년들만의 은어(인터넷 용어)를 사용하라는 말은 아니다(은어도 가끔씩 사용하면 신선하지만 빈번하게 사용하면 뻔해진 다). 청소년들이 이해하기 쉬운 단어를 쓴다는 뜻이다. 기억하라. 청소년 설교자는 청 소년이 아니라 성인이다. 언어 사용에 있어서 이미 청소년들과 격차가 있다. 설교자가 알고 있는 말(학문적 언어, 신학적 언어)을 그대로 사용하지 않고 청소년들 편에서 이해하 기 쉬운 단어를 고민하고 또 고민해야 한다.

2. 긴 문장을 빼라

문장의 길이를 빼라. 문장의 길이는 회중의 이해력과 반비례한다. 문장이 길어지면 청 소년들의 이해력은 떨어진다. 반대로 짧은 문장은 상대적으로 이해하기가 쉽다. A4 용지와 글자 크기 10포인트를 기준으로 했을 때 두 줄 이상 넘어가는 문장은 과감하게 반으로 나누라.

3. 딱딱한 어투를 빼라

딱딱한 어투를 빼라. 글쓰기에 사용되는 어투가 문어체라면, 평상시 말하는 데 사용되 는 어투는 구어체다. 청소년들에게 잦은 빈도로 문어체를 구사하면 딱딱한 느낌을 준 다. 말의 끝을 살펴보자. '-입니다', '-습니까'와 같은 문어체를 사용하는 빈도를 줄이 라. '-요', '-죠'와 같은 구어체를 자주 사용하면 한결 부드럽게 다가갈 수 있다. 또한 설교 원고를 직접 말하면서 작성하면 도움이 된다.

O(Opportunity), 기회를 활용해서 전한다

솔까 즉문즉답 설교

청소년 부모님들이 가끔씩 설교에서 다뤄 주기를 부탁하는 주제가 있다. 성(sex)에 관한 내용이다. 청소년들에게 성에 대한 바른 이해가 중요하기도 하지만, 아주 핫한 주제이기도 하다. 부모님들이 기독교 세계관 안에서 성에 대한 이해를 가르치고 싶지만 여간해서는 접근하기가 쉽지 않다. 설교를 통해 다루기도 어렵기는 마찬가지다. 신학적으로만 접근하면 현실과 거리가 있고, 실제적으로 접근하면 너무 자극적으로 흘러갈 수 있다. 전하는 사람도 개운치 않고 듣는 사람도 아쉽다. 그렇다고 덮어 두고 갈 수는 없다. 이렇게 다루기 민감한 주제가 있으면 '솔직하게 까놓고 즉시 묻고 즉시 답하는' 솔까 즉문즉답[17]으로 시도해 보기를 권한다. 청소년들이 한 주제에 대해 궁금한 것을 묻고 초대된 패널이 답하는 형식이다.

이때 중요한 것은 패널 선정이다. 패널의 역할은 질문을 받고 전체에게 답하는 역할을 한다. 성에 관해 신앙적으로 균형 잡힌 관점을 지니고 있고, 설교자와도 호흡이 맞는 사람이어야 한다. 한번은 교사 중에 신앙적으로 성숙한 부부 교사를 섭외했다. 그리고 다른 한번은 기독교 성에 관련된 전문 사역자를 섭외했다. 학생들에게는 미리 1주 전에 광고한다. '다음 주에는 성에 대해 즉시 묻고, 즉시 답하는 시간이 있을 것'이라고 말이다. 그리고 질문은 어떤 것들을 할 수 있다고 미리 '수위'에 대해 귀띔을 해준다. 예를 들어 "야동은 나쁜 건가요?"라는 기본적인 질문부터 시작해서, "야동을 볼 때는 기분이 업(up)되는데 보고 나면 다운(down)돼요 왜 그런 거죠?"라는 현실적인 질문도 제시한다. 그러면 장난스러운 질문이 아니라 본인 나름의 고민을 준비해 오는 데 도움이 된다. 주일날 학생들이 교회에 도착하면, 포스트잇 몇 장과 볼펜을 한 자루씩 나눠 준다. 그리고 성에 대한 어떤 질문이라도 좋으니 (익명으로) 쓰라고 한다. 다 쓴 사람은 앞쪽에 세워진 큰 판에 자유롭게 붙이라고 안내한다. 아이들이 써낸 물음은 아주 진솔하고 다양했다.

아기는 어떻게 생기나요?

학생 때 성관계를 하면 지옥 가나요?

혼자 있으면 나도 모르게 야동을 찾게 돼요. 어떡하죠?

가슴은 어느 사이즈가 좋나요?

왜 남자는 시도 때도 없이 발기해요?

스킨십은 어디까지 허용되나요?

야동을 보면 지옥 가나요?

여자만 보면 특정 부위에 눈길이 가요. 어쩌죠?

큰 가슴이 좋나요? 작은 가슴이 좋나요?

패널이 부부일 때는 시종일관 유연한 분위기 속에서 실제적인 내용 전달을 할 수 있었다. 패널이 전문가일 때는 통찰력 있는 이야기로 신앙적 이해를 끌어냈다. 각자의 강점이 달라서 청중의 필요에 따라 선정하면 될 듯하다. 학생들의 질문과 설명을 듣고 나면 설교자가 이어 받아 메시지를 전하고 마무리한다. 그래서 설교자

> **TIP 성교육에 관한 추천 도서**
>
> **1. 정혜민, 《토닥토닥 성교육, 혼자 고민하지 마》**
> 다년간 청소년들의 성에 관해 상담해 온 고민과 지혜가 잘 녹아 있는 책이다. 청소년들이 궁금해할 만한 주제들을 실제적이면서도 성경적으로 잘 다루고 있다.
>
> **2. 이진아, 《십대를 위한 성경적 성교육》**
> 이 책은 인터넷 환경에서 무분별한 성적 메시지에 노출되어 있는 청소년들에게 건강한 분별력을 갖추도록 돕는다. 교재가 수록되어 있어서 소그룹이나 가정에서 활용할 수 있다.
>
> **3. 김지연, 《너는 내 것이라》**
> 미디어 음란물의 폐해에 관한 성경적이고 실질적인 근거를 들여다보게 한다. 음란물의 홍수를 살아가는 청소년들에게 성경적인 예방과 처방을 전해 준다.

는 이 시간에 임하기 전에 균형 잡힌 책들을 읽으면서 철저하게 연구해야 한다. 그렇지 않으면 내용이 흥미에 그치거나 자극만 남을 수 있다. 현실성을 담으면서 영적으로 정리해 주는 설교를 위해서는 준비가 필요하다. 이 시간의 궁극적인 목적은 하나님의 뜻과 성경적인 대안을 제시하는 것이기 때문이다. 이런 형식은 꼭 '성'에 관한 주제만이 아니라 장래희망이나 친구 관계, 이성교제와 같은 실질적인 고민을 성경적으로 다루는 기회가 될 수 있다.

정직한 질문에 답하는 변증 설교

청소년을 연구하는 모임에서 학생들을 상대로 조사한 결과를 본 적이 있다. 교회를 나오는 이유에 대한 연령별 설문조사이다.[18] 초등학생까지는 '친구 때문에'라는 답변이 압도적으로 많았다. 중학생 이후로는 '인생의 답을 찾기 위해서'라는 답변이 눈에 띄게 늘었다. 청소년들을 일컬어 3무(無) 세대라고들 한다. '무반응', '무표정', '무생각'이다. 이것은 청소년들에 대한 피상적인 이해이다. 그들의 삶을 더 깊이 들여다보면 자신의 인생에 대한 고민으로 몸부림치고 있다는 것을 알 수 있다. 그리스도인 청소년들은 인생에 대한 고민들과 더불어 진리에 대한 고민도 함께 한다.

모범적으로 교회 생활을 잘하던 아이가 갑자기 교회 생활 사직서를 낸다. "저 잠시 교회 쉴게요!" 그 이유를 알아보면, 그 아이는 이제까지 풀리지 않는 진리에 대한 의문으로 괴로웠던 것이다. 대부분의 청소년들은 신앙적인 질문을 바깥으로 꺼내기를 꺼린다. 믿음은 '의심하지 않는 것'이라는 분위기에 눌려, 믿음이 부족한 자라는 낙인을 받기 싫어 숨긴다. 그러다 고등학교를 졸업하면서 교회도 졸업한다. 프란시스 쉐퍼는 "기독교 진리는 정직한 질문에 정직한 답변을 한다"[19]라고 했다. 진리에 대한 질문은 '믿음 없는 행동'이 아니라 '믿음 향한 행동'으로 인정하고 함께 고민하는 분위기가 필요하다. 이를 위해 '질문 시리즈'라는 주제 설교를 시도해 보기를 권한다.

시리즈 설교 전에 학생들에게 간곡히 부탁했다. '기독교에 관해 궁금한 것'이 있으면 무엇이든 여러 경로(개인, 쪽지, SNS)로 질문해 달라고 말이다. 그것을 추려서 답해 가는 설교 시리즈였다. 야심차게 준비하면서도 한편으로 걱정이 됐다. '과연 학생들이 질문을 할까?' 하고 말이다. 얼마 지나지 않아 학생들에게 무례를 범했다는 것을 알게 됐다. 여러 경로로 각양각색의 질문들이 들어왔다. 모든 질문을 설교에서 다룰 수 없었기에 받았던 질문들을 다시 리스트로 만들어서 재차 설문을 했다. 그중에서 가장 많은 표를 받은 질문 순으로 6가지를 추려서 매주 하나씩 답을 찾아가는 식으로 진행했다. 그 리스트는 다음과 같다.

하나님이 진짜 계시는지 어떻게 알아요? (기독교도 그저 다른 종교들 중 하나 아닌가요?)

자살은 죄인가요? 자살하면 지옥 가나요?

교회를 꼭 나와야 하나요?

동성애를 어떻게 생각해야 하나요?

죄는 아담이 지었는데 왜 내가 죄인인가요?

하나님이 계신다면 왜 세상에 아픔과 악이 있는거죠? (왜 세상을 도와주시지 않는 거죠?)

예상보다 높은 수준의 질문을 받고, 매주 시험을 치르는 마음

으로 학생들 앞에 섰다. 고된 시간이었지만 학생들의 반응이 가장
뜨거운 설교 시리즈이기도 했다. 질문을 대하면서 그들도 성장했
겠지만 필자도 성장하는 것을 느꼈다. 학생들에게 명쾌한 답을 내
려 주는 것도 중요한 일이다. 더불어 학생들이 자유롭게 질문하도
록 하고 함께 그 답을 찾아가는 과정 자체가 값진 도전이다. 정직
한 질문에 대한 답을 찾아가는 변증 설교는 청소년뿐만 아니라 설
교자도 성장할 수 있는 기회다.

영화 설교

필자는 매월 마지막 주일 청소년 예배에서 영화 설교를 했다. 한 영화를 편집하고, 보여 주면서 설교를 하는 방식이다. 매달 한 편의 영화를 선정해서 다듬고 설교에 입히는 것은 쉽지 않는 작업이었다. 설교자에게 있어서 과한 미디어 활용은 독이 되지만 적절하게 활용한다면 훌륭한 도구가 된다. 청소년 설교자는 변화하는 시대의 중간 역할을 해야 한다. 즉 말씀뿐 아니라 시대를 읽어 주는 역할이다.[20] 그런 의미에서 영화와 같은 미디어는 삶을 가까이 들여다보고 표현하는 능력이 있다.[21] 영화 설교가 청소년 설교에서 유용한 도구임은 부인할 수 없다. 미디어 세대인 청소년들에게 영화라는 도구는 마음 문을 여는 훌륭한 도구다. 감수성이 풍부한 청소년들에게 감성을 터치하면서도 지성과 영성을 심어 준다는 점에서 아주 긍정적이다. 기독교 세계관을 영화라는 매체에 담아 효과적으로 전달할 수 있다.

처음 청소년 부서에서 영화 설교를 하겠다고 했을 때, 교사 중에는 반대하는 분도 있었다. '분명 효과는 있겠지만, 아무래도 예배 시간인데 말씀과 영화가 주객전도될 수 있지 않을까?' 하는 합리적 의심이었다. 처음에는 매주보다는 한두 주 정도만 실험적으로 해보고 결정하자고 설득했다. 그때 반대하셨던 선생님이 지금 가장 기다리는 시간이 영화 설교다. 자연스럽게 매달 마지막 주로 정착됐다. 하지만 여전히 영화와 설교가 주객전도될 위험성은 남아 있다. 감성만을 지나치게 건드리는 나머지 예배당과 영화관의 구분이 모호해질 수도 있다. 이런 위험성을 극복하기 위해서 부단한 노력이 필요했다. 무엇보다 스스로의 원칙이 필요하다는 것을 깨달았다. 이를 위해 3가지 원칙을 세웠다.

① **영화 편집보다 설교문을 먼저 쓴다** 이 원칙은 우선순위에 관한 것이다. 영화 설교는 영화를 위해서 성경을 이용하는 것이 아니라, 성경을 위해 영화를 활용하는 것이다. 이는 영화를 편집하는 방향을 제공한다. 전하고자 하는 설교문의 주제와 비슷한 내용을 가진 영화라면 활용할 것이 아주 많다. 편집하다 보면 꼭 진행 순서가 아니더라도 앞뒤를 바꿔서 편집이 가능해진다. 이상하다. 절대 가능할 것 같지 않은 이 일도 원칙을 세워서 하면 된다. 이제껏 이 점에서 어려움을 겪지 못했다. 반면에 영화에 성경을 끼워 맞추면 진리 문제를 넘어서 전체 내용이 엉망이 된다.

② **자극적인 장면은 무조건 삭제한다** 이 원칙은 매우 중요하다. 갈수록 영화를 선정하는 데 애를 먹는다. 청소년 관람가임에도 불구하고 해외 영화는 선정적인 장면이 많다. 한국 영화는 폭력성이 높고 욕설이 많다. 특히 한국 영화는 욕을 빼면 대본이 반으로 줄어들 것 같은 느낌이다. 한국 영화를 편집할 때는 진땀을 뺀다. 물론 요즘 청소년들에게 영화 속에 나오는 선정성과 욕설은 가소로운 것인지 모른다. 하지만 영화 설교에서라면 말이 다르다. 자극적인 것에 웃다 보면 어느새 메시지가 가려진다.

③ 영화 장면을 너무 오래 보여 주지 않는다 보통 총 4개의 장면을 준비하는데, 장면당 5-6분 정도를 보여 준다. 한 장면을 보여 주고 나와서 설교하고, 또 다음 장면을 보여 주고 나와서 설교하는 방식이다. 이는 영화를 너무 오래 보여 준 나머지 설교 중이라는 것을 망각하지 않도록 하기 위함이다. 개인적으로 진행하는 영화 설교의 양식을 부분적으로 보면 다음과 같다.

영화제목	**족구왕** (한국, 2013)
설교제목	**이곳에 임한 하나님 나라**

Opening. 이곳에 임한 하나님 나라
영화 "족구왕"을 보면서 하나님 나라에 대해 알아보자.

Scene 1. 지금 여기에서 누리는 하나님 나라
영화 이야기 등장인물들은 모두 행복을 '만약 ○○하면'이라고 생각한다. '공무원 시험만 합격하면 행복할 거야!' '취직만 하면 행복할 거야!' 그런데 아무도 지금 행복해 보이지 않는다. 미래를 위해 지금을 포기해야 한다고 생각하기 때문이다. 반대로 족구왕은 너무 행복해 보인다. 그의 행복은 먼 미래에 있는 것이 아니라 족구를 하는 지금에 있기 때문이다.
성경 이야기 하나님 나라를 상상해 본 적이 있는가? 그 나라는 너무나 행복한 나라이다. 의와 평강과 희락이 가득하다. 왜냐하면 하나님이 통치하시는 나라이기 때문이다.
우리 이야기 그런데 그 나라는 죽어서만 가는 나라인가? 아니다. 지금 여기에서 누리는 나라이다. 내가 지금 지옥 같은 환경에 처해 있어도 하나님의 다스림 안에 있다면 그 자리가 천국이 된다.

Scene 2. '나'를 하나님 나라의 '선수'로 부르신다.

Scene 3. '우리'를 하나님 나라를 보여 주는 '광고판'으로 부르신다.

Scene 4. 하나님 나라는 무너지지 않는다. 그 나라를 지금 살아가라.

TIP 영화 설교에 보여 주기 좋은 추천 영화

1. 하나님과의 관계—회심
〈인생은 아름다워〉(이탈리아, 1997)
〈어둠속의 댄서〉(덴마크, 2000)
〈첫 키스만 50번째〉(미국, 2004)

2. 나와의 관계—정체성
〈빌리 엘리어트〉(영국, 2001)
〈말아톤〉(한국, 2005)
〈미라클 벨리에〉(프랑스, 2014)

3. 교회와의 관계—공동체
〈세 얼간이〉(인도, 2009)
〈글러브〉(한국, 2011)
〈카트〉(한국, 2014)

3. 세상과의 관계—청지기
〈아름다운 세상을 위하여〉(미국, 2001)
〈블라인드 사이드〉(미국, 2009)
〈아이 캔 스피크〉(한국, 2017)

이렇게 영화 한 장면마다 '영화 이야기', '성경 이야기', '우리 이야기'를 담아서 하나님 나라 이야기라는 거대한 이야기로 학생들을 초청한다. 이야기의 힘은 아주 강하다. 이야기를 통해 자신의 현재를 돌아보고 나아갈 방향을 얻게 된다. 하나님의 진리를 이야기에 담아 전할 수 있는 도구는 영화 설교다. 영화를 고르는 방법은 역시 발품이다. 하지만 정규 방송에서 하는 영화 소개 프로그램을 챙겨 보면 좋은 영화들을 많이 만날 수 있다.

File 5

찾아오시는 예수님처럼 현장을 찾아가라

학교 · 학원 · 독서실 심방

시간 투자 대비 효율이 높은 심방이 있다면 학교 심방이다. 사역자 입장에서는 학생의 현장을 잠시나마 들여다볼 수 있어서 좋다. 학생 입장에서는 자신들의 주 무대에 사역자나 교사가 찾아온다는 것이 신선한 경험이다. 잠깐의 시간이지만 학교라는 현장에서 만난다는 것만으로 친밀감 상승의 효과를 준다. 그래서 가능하면 학생들이 다니는 학교는 한 번 이상 방문하기를 권하고 싶다.

학교 심방을 할 때, 학생들과는 미리 시간과 장소를 정하고 만났다. 시간은 주로 점심시간을 활용했다. 등교 때는 정신이 없고, 하교 때는 다른 장소로 이동하기 바쁘다. 반면에 점심시간은 시간적으로나 심적으로 약간의 여유가 생긴다. 장소는 주로 교문으로 정했다. 대부분의 학교가 학생이 점심시간에 교문 안까지는 나올수 있도록 허용한다. 외부인의 출입이 교문을 지나 운동장까지 가능하다면 더할 수 없이 좋지만 교문을 사이에 두고 만나도 심방하는 데 큰 무리가 없다.

학교 심방의 핵심은 '찾아오시는 예수님'이다. 예수님이 우리를 찾아오신다는 메시지를 가지고 학생들의 현장을 찾아가는 것이다. 이 심방의 구성은 크게 2가지다. 간식과 기도다. 간식은 무엇이든 여유 있게 준비했다. 경험상 약속 장소로 혼자 나오지 않기 때문이다. 대부분 믿지 않는 친구들과 함께 나온다. 그때 '예수천당 불신 지옥'을 외치면 도망간다. 함께 나온 친구에게도 간식을 주면서 '우리 ○○○이 잘 부탁한다'고 말하면, 대다수가 '그러니까요, 제가 아니면 누가 얘 ○○○이랑 놀아 주겠어요?'라고 말하곤 했다. 심방 대상자와 함께 나온 친구도 덩달아 기분 좋은 시간이다. 이어서 약간의 대화를 나눈 뒤 기도를 해줘도 되겠냐고 묻는다. 이제까지 기도를 거부한 학생들이 없었다. 먼저 먹였기 때문이다. 그때 찾아오시는 예수님이 그들의 현장 가운데 함께 해주시도록 중보하는 기도를 드린다. 만나서 헤어지는 시간까지 걸리는 시간은 약 20분 정도이다. 짧다면 짧을 수 있지만 심방의 효과는 결코 약하지 않다.

대부분의 경우 학교 안으로 들어가는 것이 쉽지 않았다. 외부인의 방문을 달가워하지 않기 때문이다. 아래 방법을 사용하면 도움이 된다.

① 학교를 방문하기 일주일 전 미리 행정실에 연락을 해서 양해를 구한다
방문 취지에 대해서 밝히고 만남 시간과 장소를 정확하게 말한다. 이를 대비해 조금 과할 수 있지만 교회 차원의 공문 형식을 준비해

두는 것도 도움이 된다. 공문을 요구하는 학교도 있다.

② 학교를 방문할 때 주보나 개인 명함을 소지한다 이는 소속을 밝히는데 도움이 된다. 명함을 제작하는 비용은 저렴한 편이다.

③ 교문을 지키시는 분들을 위한 간식을 따로 준비한다 보통은 학교 보안을 책임지시는 분들의 재량에 따라 교내 초입까지는 출입이 가능하다. 주보나 명함과 더불어 간식까지 준비한다면 그분들의 마음을 열기에 충분하다. 교내 깊숙한 곳이 아니라 교문과 가까운 운동장 정도까지 들어가는 것도 하나의 에티켓이다.

찾아오시는 예수님을 전하는 메시지는 꼭 학교가 아니어도 된다. 학원이나 독서실과 같은 공부하는 현장을 찾아가는 것도 좋다.

출석하지 않은 학생 찾아가기

예배 후에는 출석부를 챙겨서 주일 안으로 결석자들에게 전화를 걸려고 노력한다. 학생들의 수가 점점 많아지고 사역이 늘어나자 결석자들을 잘 챙기지 못했다. 마침 담당 선생님도 일이 생겨 공석이던 차에 한 아이는 결석한 지 3주가 지나도록 연락을 받지 못했다. 그래서 그 영혼을 놓치는 일이 있었다. 그 후로는 학생들의 결석 사유는 꼭 챙긴다. 주일 예배를 마치고 결석자에게 일일이 전화해서 체크한다. 이 방법은 내수동교회 원로 목사이신 박희천 목사님이 평생 고수했던 원칙이었다.[22] 교인이 적을 때나 많을 때나 상관없이 말이다. 목사님은 주일 예배가 끝나고 교역자 회의를 열어 출석부를 일일이 챙겼다. 그날 바로 결석한 청년들과 장년들에게 전화를 걸었다. 이렇게 한 명씩 결석 사유를 점검하고, 통화가 안 되는 사람은 월요일이라도 꼭 찾아갔다고 한다.

주일 예배 후에 바로 출석부를 확인하라. 우선 오지 않은 학생들을 파악하고 전화하라. 기억하라. 주일 안으로 해야 한다. 만나야 할 일이라면 꼭 주초에는 찾아가서 만나기를 권한다.

일상 속에서 하는 심방과 연락

찾아가는 심방과 전화 심방을 몰아서 하기보다 주중에 자주 하는 것이 좋다. 몰아서 하게 되면 주로 토요일 저녁 시간을 활용하게 된다. 이것은 여러모로 비효율적이다. 토요일 저녁 시간은 학생들에게 황금 같은 시간이다. 한 주간의 긴장을 풀고 모처럼 여유를 즐기는 시간이기 때문이다. 그리고 사역자의 진심이 잘 전달되지 않는다. 학생들은 주일 전날에 전화를 받으면서 '교회 오는지 확인하는 목적'이라고 단정하기 쉽다. 오래 통화할 수 없는 학생들은 '내일 교회 갈게요'하고 끊는다. 그마저도 주일에 안 오기 일쑤다. 몰아서 심방을 해야 한다면 효과 면에서는 주일 저녁이나 월요일이 낫다. 청소년들을 일상 속에서 수시로 심방하기를 권한다. 그 방법을 3가지로 알아보자.

① 생일은 무슨 일이 있어도 꼭 챙겨라 학생들의 생일을 휴대폰이나 다이어리에 기록해 놓고 꼭 챙긴다. 선물과 손 편지를 전달할 수

있다면 금상첨화겠지만 무리하지 않아도 된다. 진심어린 전화 한 통과 메시지 하나가 격려로 전달될 수 있는 날이다.

② 오랜 수고를 발휘해야 하는 날을 꼭 챙겨라 수능시험이나 학교 중간·기말고사만이 아니라 학교 내에서 발표를 하거나 개인적으로 준비해서 능력을 발휘를 해야 하는 일이 있다. 그리고 치료를 받거나 수술을 받는 일이 있다. 그 순간에 누군가의 격려와 기도가 가장 절실하다.

③ 누군가 생각날 때 바로 연락하라 일상을 보내다 보면 갑자기 누가 생각날 때가 있다. 때론 별다른 이유 없이 떠오르기도 한다. 그때가 타이밍이다. 기회를 잡아서 바로 전화를 걸거나 메시지를 보내라. "○○아! 잘 지내지?" 이것은 하나님이 주시는 타이밍일 수 있다.

설교를 재미있게 할 수 있는 5가지 방법

청소년 설교의 주목적은 '유머'에 있지 않다. 하지만 현실적으로 유머를 무시할 수 없다. 때론 필요하다. 청소년 설교에 있어서 유머는 약의 캡슐과 같다. 약에 캡슐을 감싸서 목 넘김을 편안하게 하는 것처럼 신구약을 먹일 때 유머라는 캡슐은 유용하다. 더 마음을 열게 하고 집중하게 한다. 다음은 설교를 재밌게 하는 방법을 정리했다.

웃기려고 하지 마라

'재미있네'와 '웃기고 있네'는 다르다. 전자는 모두를 웃기는 것이고, 후자는 혼자 웃고 모두를 울리는 것이다. 웃기려고 애쓰는 것만큼 애처로운 것은 없다. 웃기려는 목적으로 말하면 무리수를 두게 된다. 설교자 혼자 웃고 다른 이들은 비웃는 장관이 펼쳐질 것이다. 때론 웃기려고 하기보다 웃기려고 하지 않는 것이 더 재미있을 수 있다.

재미있는 개그나 스토리를 스크랩하라

청소년 설교자는 꿀벌이 되어야 한다. 꿀벌이 꽃에서 꿀을 모아서 사용하는 것처럼, 설교자는 개그나 재미있는 이야기를 모아 두어야 한다. 순간적으로 번뜩이는 표현이나 내용은 무조건 메모를 하라. 결코 기억을 믿지 말고 꼭 메모해 두라. 이것을 설교 전체 흐름에 맞게 적재적소에 사용해야 한다. 보관하고 있는 개그를 사용할 때는 가까운 주위 사람들에게 미리 해보는 것도 방법이다. 가장 중요한 것은 적재적소이다. 흐름에 맞지 않으면 메시지가 흐려진다.

'반전 매력'을 추구하라

'재미있다'는 것은 '뻔하지 않다'는 말이다. 청소년들은 예측 가능한 스토리 전개 방식을 뻔하게 여긴다. 재미있게 말하는 사람들을 보면 뻔한 이야기도 뻔하지 않게 말한다. 청소년들의 예측을 깨는 '반전어법'을 연구해 보자. 예를 들어 사이가 좋지 않은 부부 스토리를 전하면서 '두 사람은 평생 검은 머리가 파뿌리가 될 때까지 다퉜습니다'라는 식으로 말이다.

재밌는 사람을 깊게 파라

유명 대중 강연가나 청소년들을 휘어잡는 청소년 사역들을 좋아하지 마라. 사랑하라. 그들의 강연 능력이나 방식은 선천적으로 지니고 태어나기도 했겠지만 대부분은 후천적으로 습득하거나 배운 것이다. 그들을 마냥 좋아하며 부러워하지만 말고 그들의 어법과 유머 능력을 사랑하는 마음으로 연구하고 배우라. 가능하면 세 사람 정도 정해서 집중적으로 파라.

설교자 자신이나 우리들의 이야기를 활용하라

설교자 자신의 이야기는 청소년들에게 먹힐 때가 많다. 특히 자신을 낮추는 것에서 유머가 나온다. 자신을 낮추는 것과 비하하는 것은 다르다. 전자는 자신감에서 나오는 것이라면 후자는 자책감에서 온다. 자신의 외모나 실수를 솔직하게 오픈하는 것은 유머에 도움이 된다. 하지만 이것도 반복되면 더 이상 유머가 아니라 자기비하가 된다. '설교자 자신의 이야기'와 더불어 '우리들의 이야기'도 먹힌다. 함께 즐거웠던 이야기, 함께 고생했던 이야기, 함께 성취했던 이야기는 재미를 전달해 준다.

Folder 3
성장을 위한
사역의 핵심

그리스도 중심의 제자 훈련

'Master'가 아닌 'Mastered'

청소년 사역에 있어 제자 훈련은 매우 중요하다. 청소년들은 제자 훈련을 통해 성경을 체계적으로 알아 가고 하나님의 성품을 닮아 간다. 하지만 청소년 제자 훈련을 대할 때 너무나 흔하면서 치명적인 오해가 있다. 교재(혹은 책)를 마스터하는 목적으로 제자 훈련을 진행하는 것이다. 물론 하나의 교재를 선정해서 제자 훈련의 커리큘럼을 진행할 수 있다. 그러나 제자 훈련이 교재를 떼는 것에 그친다면 온전한 제자 훈련이 될 수 없다. 극단적으로는 제자 훈련의 단계를 밟아 가는 것이 계급화를 조장할 수 있다. 상대적인 우월감을 주는 장치로 전락할 수 있다. 제자 훈련의 단계가 상승할수록 자세도 상승한다. 제자 훈련은 내가 '마스터(master)'하는 훈련이 아니다. 내가 '마스터되는(be mastered)' 훈련이다.[1] 어떤 것을 터득하는(master) 것이 아니라 그리스도의 다스림을 받는(be mastered) 것이다.

성경이 말씀하시게 한다

제자 훈련의 교재를 선정하는 것이 쉽지 않다. 시중에 많은 교재들이 나와 있기 때문이다. 어떤 것을 선정해도 무리는 없다. 하지만 적용 중심의 교재보다는 성경 중심의 교재를 선정하는 것을 추천한다. 성경 각 권별로 들여다볼 수 있는 교재 말이다. 예를 들어 '요한복음'을 다룬 교재나 책을 선정한다. 그 교재 안에 담긴 시대적인 상황, 성경 전체에서 차지하는 위치와 의미, 중심 메시지로 학생들을 초대한다. 한 권의 성경, '요한복음'의 세계로 들어가면 다른 성경과 통한다. 제자 훈련을 통해 성경이 말씀하시도록 해야 한다. 그 성경의 세계에 들어가면 적용점은 이미 본문에 녹아 있음을 발견할 수 있다. 성경의 세계로 들어가면 모든 것이 그 안에 있다. 그런 의미에서 제자 훈련 교재는 따로 구입하기보다는 직접 만들어 보는 것도 추천한다(제자 훈련 교재를 만드는 방법은 Episode 3에서 다룰 것이다).

큐티 훈련반을 운영한다

청소년 사역을 어부로 비유하자면, 제자 훈련은 고기를 잡아 주는 것에 가깝다. 큐티 훈련은 고기 잡는 방법을 알려 주는 훈련이다. 더 나아가 고기 잡는 어부를 건강하게 하는 훈련이다. 청소년 사이에 있어서 큐티 훈련은 유익하면서도 필수적인 훈련이다. 제자 훈련반과 더불어 큐티 훈련반 운영하기를 추천한다. 개인적으로는 학생들의 자원을 받아서 8주 동안 훈련을 진행했다. 훈련의 참여도를 높이기 위해서 3가지를 미리 준비했다. 첫째, 학생과 부모님이 작성하는 서약서다. 학생은 시간 준수와 적극적인 참여를 약속하고 부모님은 격려와 기도로 도울 것을 서약한다. 둘째, 일정 금액의 회비를 내게 한다. 그 회비로 매주 간식을 준비한다. 셋째, 인원을 5명 안팎으로 제한한다. 큐티 훈련은 그 특성상 강의 형식이기보다는 도제 형식이다. 마치 토기장이가 제자에게 그릇을 빚는 기술을 전수하듯이, 성경 묵상과 적용에 대해서 세심하게 전수하는 시간이다. 그래서 적은 수의 학생이 유익하다. 하지만 너무 적은 수(1-2명)는 참여하는 또래 간의 시너지 효과를 떨어뜨리거나 서로 어색하게 만들 수 있다. 그래서 5명 안팎이 적당하다.

큐티 훈련을 통해서 성경을 전체적으로 보도록 신구약 성경을 개관할 수 있다. 이어서 성경을 묵상하고 적용하는 방법을 익히게 한다. 큐티 훈련의 유익은 나눔 시간에 있다. 훈련 과정이 끝나도 지속적으로 나눔을 하는 공동체로 이어 줄 수 있다. 큐티 훈련을 더 강화하기 위해 주일 설교와 소그룹 성경 공부(GBS) 본문을 큐티 본문의 흐름에 맞추는 것도 도움이 된다. 한번씩 큐티 축제라는 이름으로 큐티 강의나 간증을 나눠도 좋다. 이 전략의 핵심은 큐티의 중요성이나 매력을 자주 노출시키는 것이다.

기도의 올바른 '장'을 마련한다
청소년 사역을 하면서 느낀 것은 학생들에게 '장'이 필요하다는 것이다. '기도하라'는 말도 좋지만, 기도할 수 있는 장을 마련해 주는 것이 필요하다. '장'이란 교회와 같이 익숙한 곳도 좋지만 때론 낯선 장소가 될 수도 있다.

새해가 되고 청소년 사역을 새롭게 시작하면서 학생들에게 도전을 했다. 매달 마지막 주 금요일마다 믿음의 야성도 깨울 겸 산에 올라가 기도하자고 말이다. 대부분 반응은 유별나다는 반응이었다. 꼭 그렇게 교회를 놔두고 산에 올라가 기도할 필요가 있느냐고 말이다. "일단 한번 가보자!" 하고 설득해서 자원을 받았다. 선생님 한 분과 소수의 아이들이 자원했다. 자원자들에게 개인 기도 제목을 준비해 오라고 주문했다. 그리고 만나서 산속에 있는 기도원으로 갔다.

기도의 올바른 방향으로 기도의 용사를 세운다

기도할 수 있는 '장'을 마련하는 것과 더불어 '기도의 방향'을 바로잡아 줘야 한다. 굳이 공간의 이동이 없어도 좋다. 기도하는 장소는 부수적인 요소에 불과하기 때문이다. 그러나 기도의 방향은 무조건 바로잡아야 한다. 기도의 본질이기 때문이다. 학생들에게 심어 줬던 기도의 방향을 '마륙삼삼' 기도라 불렀다. 나의 필요에 앞서 "하나님 나라와 그의 의"(마 6:33)를 먼저 구하는 것이다. 이 기도는 청소년들에게 기도의 진정한 맛을 알게 한다. 산기도 첫날 예배실에 모여 앉아 마륙삼삼의 본문으로 말씀을 나눴다. '하나님 나라와 의'를 먼저 구하자고 뜨겁고 충만하게 기도했다. 이어서 산으로 올라가 각자 개인 기도실에서 기도할 시간을 줬다. 원래 개인 기도를 30분 정도 하고, 30분 정도는 산책을 하며 교제의 시간을 가지려 기획했다. 그런데 만나기로 한 시간이 지나도 학생들은 내려오지 않았다. 학생들을 찾기 위해 개인 기도실을 돌아다니며 보니 여전히 기도 중이었다. 결국 산책 시간을 포기하고 모두가 나올 때까지 기다리기로 했다. 유난히 한곳에서 울부짖으며 기도하는 방이 있었다. 아마도 함께 동행했던 선생님이겠거니 생각하고 기다렸다. 그런데 그 방에서 나온 사람은 선생님이 아니라 한 여학생이었다. 사실 조금 놀랐다. 다시 집으로 돌아가기 전, 다같이 모인 자리에서 그 여학생에게 마무리 기도를 부탁했다. 그때의 기도가 전부 기억나지는 않지만 한 문장이 남았다. "주님, 이 기도하는 자리가 우리 청소년들로 가득 차게 해주세요!" 그 순간 나는 '과연 그럴 수 있을까?' 하고 반신반의하는 마음이 들었다. 그리고 '이 친구가 실망하지는 않을까?' 하는 걱정과 기특한 마음이 복합적으로 작용했다. 돌아가는 차 안에서 마침 그 학생이 옆자리에 앉았길래 물었다. "○○아, 아까 기도실에서 울부짖으면서 기도하던데 무슨 일 있었던 거니?" 그 친구는 웃으며 말했다. "사실 개인 기도제목을 가져오라고 하셔서 '공부 잘하고, 중간고사 잘 보게 해달라'는 리스트를 뽑아 왔는데 막상 기도를 시작하니 '주님만을 섬기게 해주세요! 주님만을 사랑하게 해주세요!'라고 울부짖어 기도하게 되더라고요." 그 말에 나는 "주님이 너를 너무 기특해하실 것 같다!" 하고 말하며 격려를 해줬다.

그렇게 산기도가 시작됐다. 매달 마지막 주 금요일마다 산으로 올라가 기도했다. 하지만 때론 피곤해서 포기하고 싶기도 하고, 학생들이 많이 가지 않아서 힘이 빠지기도 했다. 그래도 포기하지 않고 매주 기도하러 가면서 눈에 띄는 모습이 보였다. 학생들이 학생들에게 기도하자고 '전도'하는 것이었다. 전도의 내용이 가관이었다. "하나님을 구하러 가자!"였다. 학생들은 무슨 말인지도 모른 채 그 말에 끌려 따라왔다. 매주 조금씩 새로운 기도 멤버가 붙었다.

기도의 올바른 방향으로 변화를 경험하게 한다

산기도를 시작한지 꼭 1년째 되는 금요일이었다. 역시 그날도 모여서 산으로 기도하러 갔다. 1년 전 산기도를 시작할 때는 승합차에 자리가 많이 남았다. 차에서 각자 거의 누워서 갔다. 이번에는 교회 버스를 운행해도 자리가 남지 않았다. 1년 전, 추운 날씨 때문에 두꺼운 패딩 점퍼를 입고 시작했었는데, 어느덧 옷이 얇은 외투로 바뀌고, 긴팔에서 반팔로 바뀌었다가 이제 다시 두꺼운 옷을 입고 온 감회가 새로웠다.

기도의 자리가 부흥한 것보다 더 감격적인 지점이 있었다. 학생들의 변화였다. 한 학생은 1년 동안 자신의 불안증을 없애 달라는 기도제목을 안고 산으로 올라왔다. 그 학생의 나눔이 걸작이었다.

그간 불안증이 사라지지 않았지만, 주님을 만났다는 것이다. 이것으로 자신을 더 강하게 하셨음을 고백했다. 또 사춘기와 함께 극심한 신앙의 회의가 시작된 학생이 있었다. 자신이 교회를 다니는 것은 부모님이 교회를 다닌 영향 때문이라고 말하던 친구였다. 그래서 모태신앙인 다른 친구들에게도 "만약 불교 집안에서 태어났다면 너희들도 절에 다녔을 것"이라고 공공연히 말하고 다녔다. 실제로 이 친구는 성당에도, 절에도 '신실하게' 출석했다. 일종의 진리 찾기에 나선 것이다. 한번은 이 친구를 심방하러 갔더니 자신이 아무래도 법당 스타일인 것 같다고 말했다. 이유인즉 법당에 가봤더니 그렇게 마음이 평안할 수가 없었다는 것이다. 이 친구도 산기도를 와서 나눔을 했다. 하나님이 진짜 살아 계신지는 모르겠지만, 그래도 확실한 것은 '하나님 없이는 자신이 살 수 없다는 것'을 깨달았다는 것이다. 더불어 다른 곳에서 신을 찾는 것이 아니라 기도의 자리에서 하나님을 찾기로 결단했다는 것이다. 이렇게 학생들이 한 해 동안 기도하면서 많이들 컸구나 하는 마음에 울컥했다.

그날 산기도를 마치고 내려오려는데 문득 1년 전 첫 번째 산 기도를 마치며 했던 한 학생의 기도가 떠올랐다. "주님 이 기도하는 자리가 우리 청소년들로 가득 차게 해주세요!" 난 그때의 기도를 불신과 염려로 대했지만 하나님은 차고 넘치도록 채워 주셨다. 이 경험은 우리 모두의 간증이 되었다.

그 이후로도 학생들의 산기도의 경험이 스스로 기도하고 전도

하는 데 큰 힘이 되었다. 부서 사역에 있어서도 큰 동력으로 자리 잡았다. 그리고 대면해서 기도회를 못하는 상황이 와도 온라인으로 기도를 이어 갈 수 있도록 했다. 이렇게 변화될 수 있었던 힘은 기도의 장을 마련한 것에 있었다. 그러나 더 큰 힘은 '기도의 방향'에 있었다. 먼저 하나님을 구하는 기도가 학생들에게 자리 잡았을 때 기도는 액세서리가 아니라 생명 그 자체가 된다.

한 팀으로 경험하는 성장

청소년 팀 사역의 가능성

서로 동역하고 섬기기

청소년 사역의 묘미는 팀 사역에 있다. 청소년부 출석률에 상관없이 팀 사역은 청소년들을 동역과 섬김의 체질로 바꾼다. 팀 사역의 핵심 철학은 '서로 동역하고 섬기는 것'에 있기 때문이다. 개인적으로 필자는 기존의 소그룹 반과는 별도로 5개의 사역팀 레크팀, 문서팀, 봉사팀, 선교팀, 예배팀을 구성했다. 청소년들 중에 각 팀장과 부팀장을 세워서 리더의 역할을 하고, 교사들은 원하는 각 팀에 소속되어 멘토의 역할을 한다.

팀 사역의 강점

팀 사역의 강점을 3가지로 요약할 수 있다. 첫째, 학생들의 자발성을 끌어낸다. 기존 반이나 소그룹은 주로 사역자와 교사들이

레크팀	교제나 레크리에이션을 책임지는 팀. 예배 후 친교, 생일축하, 새가족 환영, 체육대회 및 야외 예배, 수련회 레크리에이션.
문서팀	홍보와 캠페인을 책임지는 팀. 주보 만들기, 포스터 작성, 큐티 책 홍보 및 판매, 신앙도서 읽기 캠페인.
봉사팀	예배 전후 예배실 정리 정돈, 청소년 멘토링을 위한 멘토 파악과 매칭 주선.
선교팀	선교 사명을 책임지는 팀. 국외 단기 선교 훈련 및 현장 섬김이, 청소년 전도축제, 새 멤버 섬김, 학교 선교.
예배팀	온오프라인 예배 전반을 책임지는 팀. 찬양팀 구성 및 운영, 음향 엔지니어, 예배 PPT 작성, 각종 악기 관리, 각종 집회.

짠다. 그런데 팀 사역은 학생들이 스스로 자원해서 구성한다. 그래서 학생들의 능동적인 참여를 끌어낸다. 둘째, 학생들의 자발성이 전염된다. 별 관심이 없거나 어쩔 수 없이 팀을 선택한 학생도 기존 학생들의 능동적인 모습에 전염된다. 그래서 시간이 갈수록 팀 사역에 참여하고 있는 학생들을 보게 된다. 셋째, 교사들과 학생들이 협력할 수 있다. 교사와 학생 간의 협력이 안 되는 곳은 사역자나 교사들에게 일이 과중되어 있다. 행사를 기획하고 진행하는 데 진을 쏟는 동안에 정작 영혼을 돌보는 일에는 온전히 집중하지 못한다. 이런 일이 반복되면 결국 교사의 소명도 흔들린다. 물론 그 피해는 고스란히 학생들 몫이다. 팀 사역을 하면 교사와 학생들이 서로 분업하게 된다. 학생들은 행사를 기획하고 교사들은 학생들을 돌본다. 학생들은 프로그램을 진행하고 교사들은 큐티 훈련

과 제자 훈련을 통해 학생들을 영적으로 양육한다. 학생들은 선수로 뛰고 교사들은 선수이자 코치 역할을 하는 것이다. 학생들이 '하게' 하는 고민은 지속되어야 한다. 교사들의 역량이 학생들을 목양하는 데 극대화되도록 치열하게 고민해야 한다. 학생들의 역할을 받는 데만 국한하거나 교사들이 주는 역할에만 머물러서는 안 된다. 각자의 자리에 걸맞게 제 역할을 다하고 동역하도록 모든 기도와 고민을 집중시켜야 한다. 팀 사역을 통해 학생들도 교사들을 섬기고, 교사들은 학생들을 돌보는 고차원적인 협력이 가능하다. 무엇보다 팀 사역을 통해서 학생 구성원들이 '당신들의 청소년부'가 아니라 '우리들의 청소년부'로 여기는 모습을 보게 된다. 그 변화를 보는 것은 생각 이상으로 짜릿하다.

팀 사역의 1년

모두가 참여하는 리더 선출

연말에 각 팀의 리더를 뽑는다. 시기는 10월 말에서 11월 초가 적절하다. 보통 다음 해의 사역을 11월 동안 계획한다. 새로 선출된 리더들도 다음 해의 사역을 함께 논의하기 위해 11월이 오기 전에 미리 뽑는 것이 좋다. 학생 리더는 임명직보다는 선출직으로 세우기를 권한다. 청소년들 전체의 투표로 선출하는 것이 공적인 책임감을 부여하기 때문이다. 문제는 형식이다. 같은 선거도 어떤 형식으로 진행하는가에 따라 분위기가 달라진다. 경험상 리더 선출은 시간에 여유를 두는 것이 중요했다. 투표 당일에 후보 지원이나 추천을 받고 바로 선출하는 것은 문제가 발생할 확률이 크다. 진정성 없이 인기나 재미로 뽑을 수 있다. 그렇게 뽑힌 리더는 중도 탈락될 확률이 매우 높다. 그래서 시간을 늘려 보기를 권한다. 선출 일정을 한 달로 늘리는 것이다. 선거일 4주 전부터 후보 자원과 추천을 받는다. 3주 전에는 자원하는 학생들이 먼저 소견 발표를 하고 2주 전에는 추천받은 학생들이 소견 발표를 한다. 1주 전에는 후보자들의 사진과 소견 발표한 내용을 프린트해서 주보에 끼워 넣거나 벽면에 붙인다. 예배가 끝나고 리더 선출을 위해 모두가 함께 기도하는 시간을 가진다. 선거 당일이 되면 투표를 통해 선출한다. 이런 과정을 통해 선거에 나가는 학생들은 자신의 사명에 대해 충분히 고민해 볼 기회를 가진다. 표를 던지는 학생들에게도 일종의 참여 의식을 가지게 할 수 있다. '뭔가 제대로 하는구나'라는 분위기만으로도 학생들에게는 동기부여가 된다.

교사와 리더가 함께하는 행사 기획

리더가 선출되면 다음 해의 사역을 교사와 함께 계획하는 것이 좋다. 왜냐하면 1년 동안의 사역에 있어서 기획과 진행을 맡을 팀을 미리 정할 수 있기 때문이다. 수련회나 국내외 단기 선교와 같은 큰 행사는 모든 팀들이 역할을 나눠서 협력할 수 있다. 역할 분담 역시 전체 사역 계획에서 논의가 된다면 더 여유롭고 창의적으로 사역을 해나갈 수 있다.

한 해의 행사나 프로그램은 관계를 세우고 강화하기 위한 것이다. 관계가 건강한 사역을 가능하게 하는 열쇠이기 때문이다.[2] 당장의 필요와 흥미를 위한 목적보다는 관계의 성장에 목적을 두고 계획하는 것이다. '4가지의 관계'에 있어서의 성장으로 볼 수 있다. 하나님과의 관계(회심), 나와의 관계(정체성), 교회와의 관계(공동체), 세상과의 관계(청지기)의 성장을 위한 목표로 둔다면 더 유익하게 계획할 수 있다.

팀 구성과 팀워크

새해가 되어 신입생들이 올라오면 1-2주 동안 팀을 공식적으로 홍보할 기회를 준다. 예배 전후 광고 시간에 리더들과 멘토 교사들이 나와서 자신의 팀을 소개한다. 팀을 구성하는 과정은 다음과 같다. 홍보 기간이 끝나면 기존 학생들과 신입생들에게 1지망부터 3지망까지 신청을 받는다. 각 팀에 팀원의 수가 고르게 구성되도록 조정한 후에 배치한다. 그리고 A3지나 전지 크기 종이에 각 팀별 명단을 써서 예배실 벽면에 붙인다. 최종적으로 수정 신청을 받고 확정하는 방식이다.

상반기에는 팀워크를 위해서 팀 간의 찬양대회나 체육대회를 열어 내부 결속을 다진다. 하반기에는 청소년부 주일 예배나 각 행사를 각 팀이 기획하고 진행하도록 사역의 장을 마련한다.

File 3

지속 가능한 성장을 위하여

우리의 스토리가 되는 팀 이야기

팀별 헌신 예배

학생들에게 팀 사역의 DNA가 새겨지는 때가 있다. 바로 팀별 헌신 예배 시간이다. 한 해 동안 팀별로 한 번 이상 헌신 예배를 드리도록 배정한다. 만약 한 주일에 '레크팀 헌신 예배'가 있다면 예배의 기획과 진행을 모두 레크팀 구성원이 책임지게 한다. 이때 전폭적으로 학생들에게 맡긴다. 예배 순서와 담당자, 심지어는 설교자까지 알아서 섭외하도록 맡긴다(물론 예배에 대한 사역자의 최종 점검과 승인이 필요하다). 예배와 더불어 2부 순서도 책임지게 한다. 팀 헌신 예배가 다가오면 자기 팀 색깔에 맞는 강사를 초청하기 바쁘다. 어떤 팀은 담임 목사님을 섭외하기도 하고, 유명 청소년 사역자에게 메일을 보내기도 한다. 헌신 예배 시간이 주일 오전이라 타교회 목회자를 섭외하는 데 제한이 있다. 하지만 이 과정 자체가 청소년들의 가슴을 뛰게 만들고 손과 발을 움직이게 한다.

필자는 어떤 특정 팀이 헌신 예배를 드릴 때가 다가오면 그 팀에 목회 서신을 보낸다. 다음이 대략적인 내용이다.

① 예배를 보는 것이 아니라 드리기 위해 몸부림쳐 주세요. 예배의 형식과 순서가 색다르지 않아도 좋습니다. 그러나 고민과 기도 끝에 나온 예배여야 합니다. 어떻게 드리는 것이 하나님께 영광을 드릴 수 있는지 함께 고민해 주세요. 최악의 예배는 아무 고민과 기도 없이 대충 때우려는 자세로 임하는 것입니다.

② 1시간 이상은 팀 사람들이 다같이 모여 서로를 위해 기도하는 시간을 꼭 가지세요. 자신이 먼저 예배자로 서 있지 않으면 안 됩니다.

③ 모든 과정 중에서 멘토 선생님께 자주 여쭙고 도움을 구하세요. 선생님들은 하나님이 주신 가장 훌륭한 영적 멘토이고 코치입니다.

예배에 대해 스스로 고민해 볼 수 있는 것, 혼자가 아니라 동료와 함께 애써 보는 것 자체가 성장점이 된다. 여기서 중요한 것은 한 팀이 헌신 예배를 준비할 때 예배에 대한 오리엔테이션을 꼭 해야 한다는 점이다. 그 시간이 예배에 대해 가르칠 수 있는 절호의 기회다.

팀별 야외 예배

학생들의 참여와 협력은 팀별 야외 예배에서 극대화된다. 각 팀이 하나의 교회가 되어 장소를 달리해서 예배를 드린다. 장소는 다르지만 시작하는 시간은 같다. 만약 매주 청소년 예배가 오전 11시 30분에 시작해서 오후 1시에 마친다면, 팀별 야외 예배에서도 동일하게 적용한다. 그렇다면 야외 예배는 어떤 과정을 거치면 좋을까?

① **팀별로 예배 장소 정하기** 먼저 팀별 야외 예배를 위한 TF팀을 결성한다. 교사 중에서는 임원단, 학생 중에서는 회장이나 총무 위주로 결성한다. TF팀의 역할은 2가지다. 예배 장소 물색과 예배 후 활동 기획이다. 먼저 팀별로 야외에서 예배드릴 장소를 물색한다. 예배 3주 전에는 추려진 장소 5곳을 공개하고 각 팀장이 나와서 제비뽑기를 통해 장소를 정한다. 팀별로 장소가 정해지면 팀 내에서 장소 안내가 충분히 이루어지도록 한다.

② **팀별 예배 담당자 정하기** 예배 2주 전에는 예배 담당자를 정하도록 한다. 기본적으로 필요한 예배 담당자는 사회자, 찬양 인도자, 설교자, 헌금위원 등이다(여기서 설교자는 멘토 교사 중에서 정한다). 예배 2주 전에는 청소년부 설교자가 설교문을 미리 작성해서 각 팀의 설교 담당자에게 공유한다. 그동안 설교자들은 그 원고를 숙지할 시간을 갖는다. 예배 당일에는 팀별로 정해진 장소에 모여서 예배를 드린다.

③ **팀별로 미션을 수행하기** TF팀은 미리 예배 후 활동을 기획하고

진행한다. 미션을 제시하는 것이다. 2부 순서는 팀 자체적으로 해도 되지만 공통적으로 할 수 있는 미션을 제시하는 것도 좋다. 예를 들어 공통으로 '사랑'이라는 주제를 던져 주고 팀원 모두가 참여하는 플래시몹(flash mob)이나 설정 사진을 찍도록 한다. 그래서 실시간으로 TF팀에 파일을 보낸다. 가장 잘 협력해서 주제를 창의적으로 표현한 팀 순으로 시상한다. 예를 들어 모든 팀에게 실시간으로 간식을 배달하되 차등을 둘 수 있다. 너무 경쟁하는 분위기로 흐를 것 같다면 차별 없이 간식을 배달하되 열심히 한 팀에게는 TF팀이 직접 방문해서 격려하는 것도 좋다. 마지막에는 팀별로 도시락 식사를 하고 헤어진다.

레지 조이너는 청소년 사역에 있어서 비전을 제시해 주는 '동사'가 있다고 했다. 바로 '경험하다(experience)'이다. 이 시기는 그들이 교회가 된다는 것이 어떤 의미인지 체험해야 하는 아주 중요한 시기이다.[3] 팀별 야외 예배는 팀이 하나의 작은 교회라는 것을 깨닫게 된다. 각자는 그 교회를 세워 가는 주연 중 한 명이라는 것을 체험하게 된다. 그 교회는 각자의 참여와 협력으로 세워 갈 수 있음을 실감하게 한다.

현장이 성장의 핵심이다

성장을 위한 공간

변화를 위한 공간을 창조하라

교육학자 파머는 가르침을 다음과 같이 정의한다. "진리에 대한 순종이 실천되는 공간을 창조해 주는 것이다."⁴ 진리를 전달하는 것뿐 아니라 진리를 실천할 수 있는 공간을 마련해 주는 것이 중요하다는 말이다. 청소년 사역을 하면서 학생들이 가장 많이 변할 때가 있었다. 바로 현장에 있을 때였다. 국내외 선교 여행과 봉사 활동을 통해 낯선 세계를 경험하게 된다. 그 경험 속에서 자신만의 세계가 깨어지고 우리들의 세계가 열린다. 함께 훈련받고, 실패하고, 애쓰는 과정에서 크고 작은 변화를 경험한다.

청소년 사역은 어떻게 하면 현장을 경험하게 할 것인가를 끊임없이 물어야 한다. 학생들을 현장으로 끌고 가는 것만이 최종 목적이 아니다. 현장을 계기로 학생들을 훈련하고 공동체를 만나게 하는 것이 목적이다. 왜냐하면 현장은 동기를 부여해 주기 때문이다.

필자는 청소년들에게 현장을 제공하기 위해서 7가지 정도를 시도했다. 국내외 단기 선교 여행, 국내외 성지순례, 지역 봉사활동, 지역 아동 멘토링, 선교사 묘원 방문이었다. 교회의 리더십과 교사들을 설득해서 청소년들에게 현장을 제공하려고 애썼다. 청소년들을 훈련하기 위해서였다. 예를 들어 학생들을 데리고 국내외 단기 선교를 간다고 하면(꼭 해외일 필요는 없다) 필수로 해야 하는 것이 있다. 선교 훈련이다. 바로 이 점을 노렸다. 선교지를 가는 것도 의미 있지만, 선교지로 가기 위해 훈련하는 것에 더 큰 의미가 있다. 선교사의 자세부터 시작해 큐티 훈련, 제자 훈련, 기도 훈련, 전도 훈련 같은 핵심 영성 훈련을 집중적으로 할 수 있기 때문이다. 청소년들은 '얼마나 중요한가?'보다 '왜 해야 하는가?'를 더 따진다. 아무리 좋은 훈련이라도 동기가 부여되지 않으면 동참하지 않는다. 하지만 고된 훈련이라도 동기가 분명하다면 기꺼이 덤벼든다.

그리고 또 하나의 예를 들자면 한국 교회 초기 선교사들의 흔적을 만날 수 있는 양화진외국인선교사묘원이 있다. 이 묘원을 중심으로 선교사들의 사역과 열매를 볼 수 있는 장소들(선교사들이 세운 교회, 학교)도 많이 있다. 만약 청소년들과 이 묘원을 방문하는 프로젝트를 한다면, 묘원을 둘러보고 다른 관련 장소도 함께 방문하는 것도 유익하다. 예를 들어 언더우드 선교사의 묘원을 방문했다면, 이어서 신촌 연세대학교 내에 있는 언더우드 생가를 방문할 수 있다.

여기서 중요한 것은 현장이 훈련의 동기를 일으키도록 하는 것이다. 이 장소들을 방문하기 전에 선교사님들의 삶을 공부하고 자신들에게도 적용하도록 돕는 것이다.

동기를 부여해 주는 현장을 찾으라

여기서 분명히 할 것은 교회마다 문화가 다르다는 점이다. 현장으로 나가는 것을 장려하는 교회가 있는가 하면 우려하는 교회도 있다. 교회의 문화에 따라 고민해 보되 새롭게 만드는 것이 부담이 된다면 이미 있는 것을 잘 활용하는 것도 중요하다. 더 심화하거나 체계적으로 만들 수 있다. 또한 교회 전체 성도들을 대상으로 하는 현장에 청소년 부서가 조인할 수도 있다. 그것도 가능하지 않다면 시간을 두고 가능한 현장을 새롭게 만드는 것도 좋다.

먼저 소수의 인원으로 체계화하라

현장을 대하는 중요한 팁이 있다. 현장 사역 방식을 크게 두 종류로 볼 수 있을 것이다. '이미 있는 현장을 잘 활용'하거나 '새로운 현장을 개척하는 것'이다. 어떤 방식을 선택하든지 기억해야 할 것이 있다. 처음 시작 단계에서는 소수의 사람을 엄선해서 체계화하는 데 우선 힘써야 한다는 것이다. 예를 들어 해외 단기 선교를 떠난다면 소수의 사람을 자원받는다. 그리고 훈련 시스템을 체계화한다. 현장 참여자를 청소년부 전체로 확대할 때 이 그룹이 핵심 서포터즈가 된다. 반대로 초반에 다수로 시작한다면 팀원을 목양하기보다 관리하기에 급급할 수 있다. 초반부터 어설프다면 문제를 수습하느라 에너지를 허비하게 된다. 결과적으로 모두가 다시는 가기 싫은 현장이 된다. 어떤 사역이든 초반부터 작은 것에 충성을 다할 때 더 큰 사역도 감당할 수 있다.

하나님이 시작하셨고 끝내 이루실 것이다

필자가 사역하는 교회 중등부에서는 겨울마다 태국으로 단기선교를 갔다. 초창기에는 소수의 인원을 자원받았다. 지원 자격도 한해 동안 큐티학교와 제자 훈련을 수료한 학생으로 제한했다. 그리고 훈련과 선교 시스템을 체계화하는 데 노력을 기울였다. 훈련은 영성 훈련과 선교 훈련, 공연 훈련이었다. 태국 현장에서는 선교지의 필요에 따라 사역을 하고 저녁에는 다같이 모여 부흥회를 하는 형식을 갖췄다. 이 선교가 어느 정도 정착됐을 때다. 매년 했던 것처럼 겨울 선교를 다녀왔는데 부서 내에서 이상한 낌새를 발견했다. 현장을 다녀온 소수의 학생들은 크고 작은 변화가 있었다. 반면에 못 간 학생들 사이에서는 일종의 분리 의식이 있었다. '다녀온 애들은 그런 걸 좋아하니까 간 거고, 나는 별 관심이 없으니까 안 간 거다'라는 분위기였다. 그런데 자세히 들여다보니 그것이 아니었다. '쟤네들이니까 할 수 있는 것(possible)이고, 나니까 못하는 것(impossible)'이라는 일종의 패배 의식이 느껴졌다. 마음이 안타까웠다. 그런 마음에 학생들에게 이렇게 도전했다. "다음번 태국 선교는 다같이 가보자!" 또 '할 수 없다'는 분위기에도 도전했다. "우리가 왜 못한다고 생각하는가? 믿음이 약해서 못한다고 생각하면 한 해 동안 말씀과 기도로 믿음을 단련해 보자! 집에 재정적인 여유가 없어서 못 간다면 한 해 동안 알바를 해서라도 모아 보자! 친한 사람이 없어서 못 간다면 한 해 동안 친구를 만들어서 함께 가자!" 학생들 사이에서 싹튼 분리 의식과 패배 의식을 접하고 너무나 안타까운 마음에 도전을 하고 싶었지만 현실은 만만하지 않았다.

구체적인 도전과 기획을 하기도 전에 압박감이 몰려왔다. 학생들의 안전 문제, 재정 문제, 훈련 문제가 관건이었다. 어떤 분은 "혹시라도 대형 프로젝트로 학생들을 데려갔다가 한 명이라도 잘못되면 감당하실 수 있겠어요?"라고 겁을 줬다. 맞는 말이었다. 더 큰 문제는 이 프로젝트가 가능하리라 여기는 사람이 많지 않았다는 점이다. 처음 부서 전체가 선교를 가는 1년 프로젝트를 할 예정이라고 알려지자 많은 어른들은 믿지 않았다. "중학생들이? 에이 설마"라는 반응이 절대다수였다. 무엇보다 장본인인 중학생들도 믿지 않았다. 그러니 전혀 요동이 없었다. 어떤 학생들은 노골적으로 싫은 티를 내기도 했다. 실제로 기획을 착수하고 실행을 옮겨야 하는 첫걸음부터 후회감이 몰려왔다. '아! 일을 너무 크게 벌였다.' 성인도 아닌 청소년, 심지어 대규모의 중학생들을 해외로 데려가 일주일을 머문다는 것은 엄청난 일이라는 것을 갈수록 실감했기 때문이다. 항공편 티케팅과 우리들이 묵을 숙소와 끼니를 해결할 식당, 사역할 교회, 그리고 공연 준비. 무엇보다 100명이 넘어가는 학부모들과의 소통. 그리고 제로 베이스에서 일정 정도로 끌어올려야 하는 훈련. 그 어느 것 하나 만만하지 않았다.

마치 거대한 벽을 마주한 것 같은 막막함을 풀어 갈 실마리는 이미 선교를 경험한 사람들에서 나왔다. 그전 선교에서 은혜를 받았던 소수의 교사들과 학생들이 움직이기 시작했다. 이들은 만나는 사람마다 은혜를 나누기 시작했다. 그 은혜의 핵심은 '하나님이 시작하셨고 끝내 이루실 것이다'(빌 1:6)였다. 이전 선교지에서 체험한 은혜는 더 이상 어제의 과거가 아니라 내일을 향하게 하는 믿음으로 작동했다. '너는 가야 한다'는 말이 아니라 '내가 가보니 너무 좋았다'는 말이 학생들의 마음을 움직였다. 실제로 이 믿음은 프로젝트 중에 봉착했던 수많은 난관을 이겨 내는 힘이었다. 이를 통해 2가지를 깨닫게 되었다. 첫째, 앞서도 언급했지만 초창기 현장 사역에서 소수의 사람에게 진액을 쏟아야 한다. 그 일꾼들이 현장 사역의 지경이 넓어지는 데 큰 역할을 하기 때문이다. 둘째, 현장 사역에서 중요한 것은 환경이 아니라 '시작하시고 이루시는 하나님에 대한 믿음'이다. 사역이 여전히 막막하고 두렵다면 이 믿음을 점검해야 한다.

'진심은 통한다'는 말은 청소년 사역에 있어 황금률이다. 당장에는 사람들의 호응이나 반응이 없을 수 있다. 사람들의 반응이 시원치 않으면 실망감을 느끼거나 스스로를 자책하게 된다. 하지만 진심은 통한다. 청소년 사역에 있어서 기본적으로 갖춰야 하는 것은 2가지다. 하나님의 진심과 맷집이다. 진심을 품고 인내하며 소통할 때 결국 통하기 마련이다. 이미 선교를 경험한 소수의 교사와 학생들이 진심을 나누는 데 큰 힘이 되어 주었다. 그리고 지속적으로 진심과 인내로 학생들에게 다가갔을 때 그들은 조금씩 마음의 문을 열었다. 당당하게 '그런 것에 관심 없다'며 냉소적이었던 학생들도, 자신 없이 '그런 것을 할 수 없다'며 지레 포기했던 학생들도 동참하게 됐다. 한 해 동안 선교 프로젝트를 하고 현장으로 가는 비행기에는 중등부의 90퍼센트의 인원이 함께했다. 그전 해에 10퍼센트의 인원이 간 것에 비하면 평범한 상황은 아니었다. 한 학생은 이렇게 말했다. "비행기 앞좌석에 앉아 있는 친구의 뒤통수만 봐도 감동이 휘몰아쳐요."

현장으로 얼마나 많은 인원이 가는가도 중요하다. 하지만 더 중요한 것은 함께 하나님의 진심을 전하기 위해 더불어 꿈꾸고, 실패하고, 도전하고, 인내했던 과정 그 자체이다. 이 과정은 오롯이 청소년들의 영혼에 거룩한 흔적을 남긴다.

다음은 이 프로젝트를 어떤 과정을 거쳐서 진행했는지를 알아볼 것이다. 현장이 꼭 선교가 아니어도 다음과 같은 과정을 참고하여 진행할 수 있다. 크게 3가지로 나누면 비전 나누기, 공동체 세우기, 훈련하기이다.

현장 프로젝트를 위한 핵심 전략

비전 나누기

① **교회 리더십과 비전을 나눈다** 우선 담임 목사님과 교회 리더십들에게 비전을 나눈다. 다른 교역자들에게도 비전을 나눈다. 청소년 사역이어도 전체 교회의 한 부분으로 소속된 부서다. 그래서 청소년 사역은 유기적일 수밖에 없다. 평상시에 선임 교역자나 다른 부서 담당자와 좋은 관계를 유지하도록 애쓰는 것이 좋다.

② **먼저 경험한 멤버들과 비전을 나눈다** 먼저 현장을 경험한 멤버들과 청소년부 교사, 학생 리더들에게 비전을 나눈다. 이 그룹에서는 비전을 공유할 뿐 아니라 향후 진행에 관한 지혜를 구한다. '어떻게' 하면 좋을지 묻고 학생들에게 홍보하여 힘을 보태 주기를 부탁하는 과정이기도 하다.

③ **학부모들과 비전을 나눈다** 학부모 설명회를 열어 선교지에서 학생들이 하게 될 일과 가기 전에 거치는 과정을 공유한다. 특별히 훈련의 중요성을 나누면서 학생들이 잘 훈련받을 수 있도록 양해를 구하는 시간이기도 하다. 이 시간으로 인해 현장으로 나가는 프로젝트가 청소년만의 일이 아니라 학부모들도 함께 동역하는 사역임을 알린다. 훈련을 진행하는 시간 동안 학부모들이 참여할 공간을 마련하는 것도 방법이다. 예를 들어 훈련하는 주마다 간식 담당해 주실 분을 자원받거나 기도회에 수시로 초대하는 것이다.

공동체 세우기

① **사역팀을 세운다** 현장에 가서 하는 일에 따라 사역팀을 꾸린다. 예를 들어 선교 현장에서 공연을 한다면 공연 종류(태권도, 워십, 무언극, 한국 무용, 검도, 악기 연주 등)에 따라 팀을 꾸린다. 봉사도 마찬가지다. 미리 팀을 꾸림으로써 어떤 방식으로 준비할지, 연습은 어떻게 할지 조율할 수 있다.

② **훈련팀을 구성한다** 현장으로 가기 전, 훈련받는 팀을 구성한다. 이 팀을 구성할 때 꼭 분명히 할 것이 있다. 이 팀은 '훈련을 위한 팀'이라는 것이다. 오락이나 교제를 위한 팀이라면 친한 친구들끼리 구성해야 한다. 하지만 훈련을 위해서라면 친하지 않은 사람과도 한 팀이 될 수 있어야 한다. 필자는 개인적으로 훈련팀을 꾸릴 때 미리 선언했다. "훈련팀에서는 친한 친구들은 무조건 떼어 놓겠다!" 왜냐하면 다년간 훈련팀을 구성하면서 느낀 점이 있기 때문이다. 친한 친구끼리 훈련팀으로 묶어 놓으면 집중도가 현저히 떨어진다. 현장에 가서도 끼리끼리만 놀게 된다. 하지만 훈련팀부터 익숙한 사람을 떼어 놓고 낯선 사람으로 구성해 놓으면 훈련의 집중도가 높아지고 현장에 가서도 몰랐던 사람과 친해진다. 이 모든 시도는 강압적인 방식이 아니라 학생들에게 '훈련을 위한 팀'이라는 것을 설득하고 동기를 부여해 주는 방식이어야 한다.

③ **펀딩을 위한 팀을 구성한다** 현장을 위한 사역은 재정이 뒷받침되어야 한다. 현장으로 가는 청소년들뿐 아니라 현장을 섬기기 위해

서도 재정이 필요하기 때문이다. 그렇다고 전체 재정을 청소년이 각자 부담하거나 교회에 전적으로 책임을 지울 수 없다. 펀딩(모금)에 대한 기획과 실행을 주도할 팀을 꾸릴 필요가 있다(전체 인원수가 적다면 모두가 준비할 수 있다). 펀딩은 크게 2가지로 볼 수 있다. 서비스 펀딩과 판매 펀딩이다. 서비스 펀딩은 주일날 교회에 오는 성도들을 섬기는 일이다. 세차, 안마, 구두닦이 등이 있다. 판매 펀딩은 물건을 판매하여 기금을 마련하는 것이다. 이때 학생들이 직접 만들어서 판매하는 것이 의미 있다. 수제 쿠키나 티 종류, 컵 화채 등을 판매한다. 절기에 따라 필요한 것(예를 들어 설날 전 떡국 떡)을 판매해도 좋다. 팀의 명확한 필요가 있다면 기부를 받아도 좋다. 예를 들어 현장에 선풍기가 5대 정도 필요하다면 전단지를 만들어 광고하고 개인 기부를 받는 형식이다.

어른들을 대상으로 직접 펀딩한다는 것이 청소년들에게는 어색하고 낯선 일일 수 있다. 여기서 중요한 팁이 있다. '청소년들에게 큰 꿈을 보여 주라'는 것이다. 한 번은 청소년들에게 태국 현장에 있는 초등학생을 섬기는 기금을 마련하려 한다고 말했다. 현지 학교와 학생들에게 필요한 품목과 필요한 금액을 제시했다. 그리고 말했다. "우리 선생님들과 함께 준비해 보자!" 모금하는 주일이 되었다. 교회 1층 로비에 판매할 물건을 진열했다. 한 학부모에게서 기증받은 텀블러 500개에 사탕과 초콜릿을 넣고 '한 개당 만 원'이라고 써붙였다. 자투리 자리에는 의자 3개를 놓고 안마존을 만들었다. 1회당 5,000원이었다. 청소년들에게 구체적으로 어떤 방식으로 해야 모금이 잘된다는 식의 요령이나 열심히 해야 한다는 소위 정신 교육은 전혀 없었다. 그런데 펀딩이 시작되자 아이들 눈빛이 달라지더니 소리치기 시작했다. "태국의 어린이들을 섬길 수 있도록 후원해 주세요!" 몇몇 성도들이 그 아련한 외침을 듣고 다가와 현금을 내밀고 준비한 텀블러를 가져가셨다. 학생들은 진심 어린 마음을 담아 "감사합니다, 진짜 감사합니다"를 외치며 몇 번이나 허리를 숙였다. 누가 시키지도 않았는데 학생들은 다들 텀블러를 들고 교회 곳곳으로 흩어져 외판을 시작했다. 난생 처음 보는 낯선 성도에게도 다가가 "이것 하나 사주시면 태국 선교를 위해 정말 값지게 사용하겠습니다!" 하면 여지없이 성도들은 미소 지으며 지갑을 여셨다. 담임 목사님은 이런 학생들의 모습을 보시더니, 텀블러를 50개 사시겠다고 하셨다. 50만 원이었다. 감격의 함성을 지르며 50개를 담으려는 학생들에게 담임 목사님은 "판매하는 너희들이 하나씩 가져가!"라고 하시며 선물했다. 아이들은 감사하다고 연거푸 외치더니 담임 목사님이 자리를 뜨시자 누구나 할 것 없이 선물받은 것을 다시 판매대에 두고 팔기 시작했다. 준비한 텀블러 500개는 순식간에 완판되었다. 외판으로 떠났던 학생들이 속속히 돌아왔다. 천사와 같은 밝은 얼굴로 달려오며 울먹였다. "저 가지고 간 것 다 팔았어요!" 너무 낯설었다. 평상시에는 낯도 가리고 수줍음이 많아 대답도 제대로 못하는 학생들이 천사 같은 표정을 지으며 전사의 태도로 뛰어다녔다. 몇몇 성도들은 어떻게 구워삶았기에 청소년들이 저렇게까지 하느냐며 타박했다. 하지만 조금도 강요하거나 지시하지 않았다(강요하고 지시한다고 할 청소년들이 아니다). 생텍쥐페리는 다음과 같이 말했다. "배를 만들고 싶다면 배를 만드는 법보다 먼저 바다를 꿈꾸게 하라"[5]라고 말이다. 청소년들에게 당장 해야 하는 일보다 더 크고 넓은 꿈을 보여 주라. 이것이 핵심이다.

훈련하기

① **영성을 훈련한다** 훈련팀은 집중력을 높이기 위해 친한 사람들보다는 낯선 사람으로 구성한다. 팀별로 모였을 때 큐티 본문을 묵상하고 함께 나누는 시간을 가진다. 기도제목을 나누며 서로를 위해 기도한다. 현장을 위한 영성 훈련은 야성적으로 할 필요가 있다. 주말에는 교회에서 숙박하며 성경을 통독하거나 기도원 내에 있는 기도처로 함께 가서 통성으로 기도하는 것이다.

② **자세를 훈련한다** 현장에서 청소년은 그리스도를 비추는 거울이다. 어떤 말을 하는가도 중요하지만 어떤 자세를 보여 주는가 역시 중요하다. 여기서 중요한 것은 현장에서 만나게 될 사람들을 연구하는 것이다. 어떤 곳이든 고유의 문화가 있다. 현장 사람들이 몸 담고 있는 문화를 이해해야 실수하지 않는다. 예를 들어 태국 같은 경우 어린아이가 귀엽다고 머리를 쓰다듬으면 안 된다. 그들은 머

리에 영혼이 깃들어 있다고 믿기 때문이다.

자세에 있어서 2가지를 훈련한다. 첫째, 상대방을 알려고 해야 한다. 둘째, 자신이 아니라 그리스도를 드러내려고 해야 한다. 필자는 이를 위해 현장에서는 각자의 외모를 포기하자고 외쳤다. 일정 내내 머리를 자연색이 아닌 튀는 색으로 염색하는 것을 금하고, 얼굴에 화장하는 것도 금했다. 심지어는 선크림이어도 피부 톤을 보정하는 기능이 담겨 있다면 금했다. 다만 눈썹 숱이 적은 사람을 배려해서 눈썹 그리는 것만은 허용했다. 그 이유는 우리가 외모에 신경 쓰는 시간에 현장의 사람들을 생각하는 데 더 에너지를 쏟기 위함이었다. 현장의 사람들에게 우리의 외모가 아니라 그리스도만을 드러내기 위한 하나의 몸부림이었다. 이외에도 팀원들 사이에 서로 다투거나, 현장의 사람들에게 불쾌감을 전달하는 일이 없도록 자세를 훈련할 필요가 있다.

③ **재정에 대해 훈련한다** 현장에 가기 위한 개인의 재정은 스스로 마련하는 경험도 좋다. 현장이 해외가 되면 개인 회비가 적지 않다. 더욱이 한 가정에서 한 명 이상 가면 부모님의 경제적인 부담은 커진다. 다음과 같은 원칙을 세워도 좋다. '최대한 부모님께 손 벌리지 않고 스스로 마련하기!' 선한 결단을 하면 알맞은 아이디어들이 모일 것이다.

필자의 경험을 바탕으로 소개하면 다음과 같다. 먼저 교회 성도들을 대상으로 알바 자리를 구했다(청소년 알바는 부모님의 동의가 필요하다).

'무엇이든 맡겨 주시면 최선을 다하겠습니다'라는 의지를 담은 영상과 포스터를 제작해서 교회 성도들에게 홍보했다. 알바 신청에 대한 반응이 들어왔다. 담임 목사님은 교회 주위의 잡풀 제거와 교회 주차장 청소 알바를 맡겨 주셨다. 회사를 운영하시는 한 장로님은 회사 주위의 잡풀을 뽑고 쓰레기를 줍는 알바를 맡기셨다. 이런 노동 알바도 있었지만, 돌봄 알바도 많았다. 주말에 아이들과 함께 방이나 놀이터에서 놀아 주는 일이었다. 이 알바는 젊은 부부들 사이에서 꽤나 인기였다. 한 주 동안의 육아로 지쳤을 때, 청소년들이 와서 자녀와 놀아 주면 모처럼 휴식 시간을 가질 수 있었기 때문이다. 어떤 부부는 자녀들을 청소년이 돌보는 시간 동안 모처럼 영화관 데이트를 즐길 수 있었다. 더불어 교육 알바도 많았다. 미취학 자녀들에게 정기적으로 책을 읽어 주거나 피아노와 영어를 가르쳐 주는 '특기병' 청소년들을 찾았다. 어떤 청소년은 기타 교실을 열어서 다른 학생들에게 기타 레슨을 했다. 약간의 선교비를 후원받고 말이다. 이렇게 반년 동안 청소년들은 평일 저녁과 토요일 하루를 선교비 마련을 위해 알바를 했다.

알바 자리를 주고 싶지만 마땅한 일이 없어서 후원금을 내시는 분들도 있었다. 그분들이 내신 기금을 모아서 독후감대회를 열었다. 학생들에게 책을 읽히고 독후감을 쓰게 한 후 상금을 선교 회비로 적립하게 했다. 책은 사역의 결에 맞춰 선정했다. 조선 후기한 외국 선교사 이야기를 담은 《조선 회상》(좋은씨앗, 2009)이었다. 한 학생은 말했다. "이 책을 읽으며 내가 살아야 할 이유를 하나 더 발견했다. 나도 누군가에게 예수님의 사랑을 온몸으로 보여 주는 것이다"라고 말이다.

독후감대회를 하고 남은 기금으로 '티셔츠 디자인 콘테스트'를 열었다. 마찬가지로 선교 티셔츠 디자인을 공모해서 상금으로 선교 회비를 적립하도록 했다. 이것 역시 많은 학생들의 적극적인 동참을 불러일으켰다. 미션을 주고 자율성을 끌어낼 때 창의적으로 움직이기 시작했다.

재정 훈련과 마련에서 강조했던 것이 있다. '용돈 마련 알바'가 아닌 '선교비 마련 알바'라는 점이다. 알바를 시작하기 전에 하나의 원칙을 세웠다. 성도들이 알바비를 지불하면 개인이 받지 않고 선교 계좌에 입금되게 하는 것이다. 각자 알바를 하면 개인 이름으로 선교 회비가 적립되었다. 만약 선교를 못 가게 되면 선교 회비가 부족한 학생에게 자동 기부하기로 약속하고 시작했다. 실제로 사정이 생겨 못 가게 된 사람들은 자신의 알바비를 기꺼이 기부했다.

현장을 가기 전에 세워야 할 약속

서로의 외모를 놀리지 않게 한다

현장에서 청소년들끼리 싸우는 경우가 있다. 대부분의 경우에

서로의 외모를 비하하면서 시작된다. 한번은 학생 A가 덩치가 큰 체형의 학생 B에게 돼지라고 놀렸다. 그러자 B는 키가 크고 마른 체형의 A에게 육수용 멸치라고 되받아쳤다. 이것이 결국 주먹다짐으로 이어졌다. 이런 극단적인 대립의 중심에는 외모 비하가 자리 잡고 있다. 서로의 비하로 시작되는 감정적이고 물리적인 충돌은 현장 사역의 실패를 낳는다. 현장으로 가기 전에 학생들에게 어떤 일이 있어도 서로의 외모를 놀리지 않도록 주의시켜야 한다.

성적인 발언이나 행동은 절대 하지 않게 한다

현장에서 청소년들 간의 경계가 허물어지면 서로 느슨해진다. 동시에 실수할 가능성도 높아진다. 가장 치명적인 실수는 성적인 실수다. 상대에게 무심코 내뱉은 성적 발언 하나가 공동체를 분열시킬 수 있기 때문이다. 성적 오해를 불러일으킬 수 있는 작은 행동 하나가 현장 사역을 무너뜨린다. 예를 들어 장난 식으로 이성 학생을 촬영할 수 있다. 굴욕 사진을 남기기 위해서다. 하지만 동의 없이 찍으면 일상적인 장면이어도 큰 문제가 될 수 있다. 현장으로 가기 전에 학생들에게 성적인 부분에서 오해가 생기는 일이 없도록 정확한 가이드라인을 제시해야 한다.

서로에게 불만이 생겼을 때는 리더를 통해 전달하게 한다

현장에서 학생들 사이에 불만이 싹트기도 한다. 이 문제를 서로가 직접 표현하면 더 큰 문제가 될 수 있다. 때로는 이성보다는 감정이 앞서기 때문이다. 하지만 누군가에게 불만이 생겼을 때 직접 말하지 않고 리더를 통해서 말하게 하면 감정보다는 이성적으로 접근할 수 있다. 현장으로 가기 전에 서로에 대한 불만 표출은 리더를 통해 전달하는 원칙을 제시해야 한다.

File 5

지속적인 성장의 전략 WWJD

예수님이라면 어떻게 하실까

1+1 섬김

성장은 다른 말로 '그리스도를 닮아가는 것'이라고 할 수 있다. 청소년들에게 '예수님이라면 어떻게 하실까(What Would Jesus Do, WWJD)?'라는 질문을 던지고 실천을 이끌어 내는 것도 성숙을 위한 훈련이다. 여기서 핵심은 '스스로 질문을 던지고, 모두가 실천하게 하는 것'이다. 이것을 위해서 1+1 섬김에 도전했다. 방식은 이렇다. 학생들에게 A4 용지를 한 장씩 나눠 준다. 여기에는 3가지의 질문이 적혀 있다.

① Who: 예수님이라면 내 주위에 누구를 도우실까?

② How: 예수님이라면 그 사람을 어떻게 도우실까?

③ Pay: 나는 그 사람을 위해서 얼마를 쓸 수 있는가?

위의 1, 2, 3을 고민할 수 있는 기간을 준다. 그리고 작성해서 제출한다. 금액이 적힌 3을 제외한 1과 2의 내용을 전지 크기의 용지에 써서 공개적으로 예배실에 붙인다. 이름하여 '예수님을 비추는 창문들'이다. 이것은 2가지 기능을 한다. 먼저는 주위 사람들을 섬길 수 있는 여러 방법들을 공유한다. 다음은 서로의 섬김을 격려한다. 이 도전에는 개인만이 아니라 청소년부도 함께 협력한다. 상징적인 의미로 3의 내용에 청소년부도 함께 동참한다. 예를 들어 A라는 학생이 3의 내용, 즉 '나는 그 사람을 위해서 얼마를 쓸 수 있는가?'에 만 원이라고 썼다면 청소년 부서도 1+1으로 만 원을 보탠다. 그러면 A는 2만 원으로 다른 사람을 섬길 수 있는 것이다(다만 부서 예산에 부담이 올 수 있기 때문에 쓰고자 하는 비용의 상한선을 적절하게 정할 필요가 있다). 구체적으로 섬기는 기간을 1개월 준다. 2주가 지난 중간에는 반별로 중간 점검을 한다. 정해진 시간이 끝나면 각반 선생님에게 영수증을 제출한다(영수증을 발급받을 수 없는 일은 사진으로 대체한다). 청소년부에서 후원받는 금액이 남으면 다시 반환한다.

섬김의 시간이 끝나면 간증의 시간을 갖는다. 나는 '누구'를 '어떻게' 섬겼는지 말이다. 이 시간에는 감동적인 스토리가 가득했다. A라는 학생은 등교 때마다 마주치는 폐지 줍는 한 할머니에게 예수님의 사랑을 전달하기로 했다. 따뜻한 털모자와 목도리, 장갑을 선물하기로 결정하고 뜨개질 키트를 구매했다. 직접 뜨개질을 해서 선물해 드렸다고 했다. '예수님은 할머니를 사랑하십니다'라는 말과 함께 말이다.

또 다른 학생 B는 같은 반 친구에게 예수님의 말씀을 전하기로 했다. 그 친구는 절친한 친구라고 했다. 하지만 교회를 다니지 않았다. 이제껏 친구와 관계가 멀어질까 봐 교회 다니는 것을 숨겼다고 했다. 하지만 이 친구가 가정의 어려움을 겪게 됐고 대화중에 '너무 힘들어서 죽고 싶다'는 속내를 들었다. 그 순간 예수님을 소개해야 겠다고 생각했지만 이제껏 교회 다니는 것을 속인 것이 부끄러워 말하지 못했다. 이번 기회에 예수님의 말씀을 전하기 위해서 '쉬운 성경'을 구매했다. 손 편지도 함께 준비했다. 편지의 내용은 솔직하게 채웠다. 먼저 자신이 교회 다니는 것을 속였음을 고백했다. '혹시 관계가 어색해질 것이 걱정돼서 그랬다'는 이유와 함께 말이다. 그리고 최근에 친구가 힘든 일을 겪는 것을 옆에서 지켜보면서 자신은 어떻게 어려움을 이겼는지 고민했다고 말했다. 결론은 성경이었다. 힘들 때마다 성경(특히 시편)을 읽어 보라고 권면하고 그 친구를 위해서 기도하겠노라고 쓰고 편지를 마무리했다. 성경과 함께 편지를 전달했다. C라는 학생은 동생을 괴롭힌 것을 회개하며 용서를 구하는 데 돈을 썼다. 학생 D는 돈을 쓰진 못했지만 한 달 동안 친구들에게 욕하지 않는 것을 실천해 봤다고 했다.

각자 섬김의 대상과 내용, 지불했던 돈의 액수는 달랐다. 하지만 스스로에게 '예수님이라면 어떻게 하셨을까'라는 질문을 던지고 실천하려 애쓴 흔적들이 남았다. 학생들은 결과를 떠나 질문과 실천의 과정에서 성숙을 경험한다.

'나' 중심에서 '예수님이라면 어떻게 하실까'로

매년 수련회를 앞두고 청소년들은 개인적으로 질문을 해왔다. 그 질문들은 3가지로 압축된다. '수련회 조 어떻게 짜나요(친한 친구랑 같이 묶어 주나요)?' '이번 수련회 재밌나요?' '치킨 먹나요?' 이 모든 질문의 핵심은 '나를 위해 무엇을 해주실래요?'였다. 한번은 학생들에게 예수 그리스도의 삶에 대해서 연속으로 설교하던 중이었다. 그리스도의 삶에는 한 가지 초점이 있었다. '죽기 위해' 사셨다. 당시 청소년들 사이에서 오갔던 질문들과는 정반대의 방향이었다. 너무나 부끄러운 마음에 '나 중심의 삶에서 예수님이라면 어떻게 하실까를 묻자'고 외쳤다. 결론은 '나를 위해 살기'보다 '주를 위해 죽자'는 것이었다.

이것을 위해 1년이라는 기간을 정했다. 우선 집중적으로 1년을 보내 보자고 말이다. 그 적용으로 앞서 File 4 '현장이 성장의 핵심이다'에서 소개한 에피소드들이 탄생했다. 다음 해 수련회는 태국으로 가서 선교하는 것으로 대체하는 아이디어가 나왔다. 1년간 '나를 위해 무엇을 해주실래요'라고 묻기보다 '죽기 위해 사는 삶'에 대한 고민을 시작했다. 우리는 진지하게 하나하나 실천해 나갔다. 금요일 저녁, '불금'과 휴식을 포기하고 산으로 올라가 기도하기로 결단했다. 선교를 위한 4개의 팀을 만들어서 학생들이 각자 맡은 사역에 동참했다. 1년 중 가장 큰 즐거움이라 할 수 있는 여름 수련회는 교외로 나가지 않고 교회 건물 안에서 했다. 태국 선교를 염두에 두었다. 숙소와 집회 장소를 빌리는 데 드는 돈을 아껴서 태국 현지인들을 더 많이 섬기고자 함이었다. 교회 전체에 '알바를 구합니다' 전단지를 붙여서 기업이나 공장을 운영하시는 성도들에게 어필했다. 그리고 꿀 같은 토요일을 선교비 마련을 위한 알바에 바쳤다. 때로는 공장 청소, 거리 청소, 교회 주차장 청소 등 육체적인 노동도 감당했다. 어떤 학생은 어린아이들에게 피아노를 가르쳐 주는 가정교사로, 다자녀 집안의 어린아이를 돌봐 주는 알바를 하며 선교비를 마련했다. 선교를 위한 모임 시간이나 예배 시간에는 휴대폰을 교사에게 제출함으로서 휴대폰에 대해서도 죽는 결단들을 이어 갔다. 선교지를 갈 때는 현지 태국 학생들이 하나님께 시선을 두지 않고 우리에게 두는 것을 방지하려고 화장품을 일절 소지하지 않고, 염색도 하지 않기로 결심했다. 어떤 학생들에게 이 결심은 실제로 죽는 결심이었다.

어떻게든 흉내라도 내보겠다는 결심을 하며 1년간 걸어왔다. 그리고 수련회 조를 구성해서 발표했다. 관계에 예민한 청소년들이다. 늘 수련회나 캠프를 앞두고 조를 발표해야 할 때는 스트레스를 가져다준다. 조를 발표하고 긴장을 해소하기 위해 다음과 같이 말했다. "제게 개인적으로 말하면 조를 바꿔드리겠습니다"라고 말이다. 이상했다. 늘 수련회 때마다 반복됐던 것처럼, 벌 떼같이 달려 들어 "조를 바꿔 달라!" "친구와 함께하게 해달라!" 등 온 갖 불만과 항의를 쏟아 낼 거라 예상했다. 이번에는 잠잠했다. 몇 몇 학생에게 물었다. 분명 껄끄러운 친구와 같은 조거나 친한 친구 와 같은 조가 아니어서 힘들 텐데 왜 바꿔달라고 하지 않는지 말 이다. 한 학생의 답변이 마음을 뭉클하게 했다. "같은 조에 껄끄러 운 친구도 있고, 같은 조에 함께하고 싶은 친구가 있는 것은 사실 이지만 놀러 가는 것이 아니라 하나님 만나러 가는 것이니까요. 잘 감내하겠습니다!" 다른 학생들도 마찬가지였다. 이렇게 지난 시간 동안 '죽기 위해' 사셨던 그리스도를 흉내라도 내보자고 했던 것이 학생들의 마음에 단단한 믿음의 결실로 자리 잡았다는 사실이 놀 랍고 신기했다. 여기서 중요한 것은 구체적인 적용에 대한 아이디 어들은 사역자 한 사람에게만 나온 것이 아니라는 것이다. 교사들 과 학생들에게서 나왔다. 그래서 모두가 실천하기 위해 애쓸 수 있었다.

"한 알의 밀이 땅에 떨어져 죽지 아니하면 한 알 그대로 있고 죽 으면 많은 열매를" 맺는다는(요 12:24) 말씀처럼, 그리스도와 함께 죽 는 것을 가르치지 않는다면 죽은 사역이라고 할 수 있다. 모두가 '죽기 위해 사는 것'을 함께 고민하는 그 자체가 성숙의 시작이다. 여기서 중요한 것은 학생들 스스로 '예수님이라면 어떻게 하실까' 를 묻도록 해야 한다는 것이다.

'위기'에서 '예수님이라면 어떻게 하실까'를 묻다

앞서 언급했던 것처럼 '예수님이라면 어떻게 하실까'라는 물음을 던지고 하나의 적용으로 여름 수련회에서 쓰는 비용을 최대한 절약하기로 했다. 아낀 비용으로 도움이 필요한 이들에게 전달하기 위해서였다. 수련회 예산 중에 가장 많은 부분을 차지한 것을 살펴보니 장소 대여비였다. 대여비를 아끼기 위해 장소를 교회로 정했다. 하지만 익숙함을 보완하기 위해 여러 장치를 준비했다. 숙소는 각 실내 예배실이었다. 사전에 교회 성도들과 학부모를 대상으로 여름 수련회 기간 동안 텐트를 빌려 주십사 광고했다. 빌린 텐트들을 숙소에 설치했다. 교회 주변은 담력 훈련 코스로 활용하고, 주차장에 야외 수영 슬라이드를 설치해서 흡사 작은 테마파크처럼 운영했다. 학생들 대부분은 교회라는 익숙함 속에서도 색다른 맛을 느낄 수 있어서 만족한다는 반응이었다. 수련회 만족도의 최절정은 토요일 오후 주차장을 수영장으로 사용할 때였다. 그러나 그 순간이 최악의 순간과 맞닿아 있었다.

교회에서 소방용수를 끌어와 간이 수영장에 물을 채웠다. 학생들은 너 나 할 것 없이 수영장에 몸을 던졌다. 어느 정도 몸을 적신 학생들은 경쟁적으로 슬라이드로 올라가 타기를 반복했다. 수영장의 적정 수면을 위해서 계속해서 급수를 하던 중이었다. 당일 오후에 계획된 바비큐 파티를 준비하시던 선생님 한분이 앞치마를 두른 채 헐레벌떡 뛰어오셨다. 교회 전체에 물이 끊어졌음을 알렸다. 지하에 있는 물탱크를 확인해 보니 일정량이 다시 채워질 때까지는 물이 나오지 않는 시스템이었다. 교회를 관리하시는 분도 이런 시나리오를 예상하지 못했다. 급한 대로 수영장은 살수차를 불러 계속 운영했다. 문제는 교회 단수가 생각보다 길어졌다는 것이다. 시간이 갈수록 포기해야 할 것이 늘어 갔다. 학생들은 물놀이 후에 샤워하는 것을 포기해야 했다. 정수기의 시원한 물을 내려놓아야 했다. 심지어는 물이 말라 버린 변기로 인해 교회 전체에 오묘한 향취가 고개 들기 시작했다. 변기는 '쌓인 곳에 또 쌓이는' 지경에 이르렀다.

애당초 저녁 집회 전에는 물 문제가 해결될 것이라 기대했다. 하지만 무정하게도 저녁 집회가 시작되고 끝날 때까지도 물탱크의 일정량이 채워지지 않았다. 저녁 집회 후에는 야간 담력 훈련이 계획되어 있었다. 계획대로 프로그램은 진행됐다. 그러나 설상가상으로, 모두들 교회와 멀찍이 떨어진 야외로 나가 있을 때 폭우가 쏟아졌다. 한 시간 동안 장대 같은 비를 맞고 교회로 복귀하는 학생들의 모습을 차마 눈뜨고 볼 수 없었다. 물에 빠진 생쥐마냥 애처롭게 느껴졌다. 물탱크의 상태를 확인해 본 결과 여전히 물이 다 차지 않았다. 학생들은 결국 씻지도 못하고 잠자리에 들어야 했다.

이런 위기 상황에서도 필자와 교사들을 놀라게 한 것이 있었다. 학생들이 생각보다 불평하지 않았다는 것이다. 원래 학생들 캐릭

터로는 '집단 봉기'를 일으켜도 '일흔 번씩 일곱 번'은 일어났어야 했다. 하지만 이런 위기에서도 '예수님이라면 어떻게 하실까'를 묻는 학생들이 있었다. 그 영향을 받아 대부분의 학생들은 가려운 몸을 긁으면서 잠자리에 들었다.

단수 사태가 토요일 자정을 넘어서자 필자와 교사들은 불편함을 넘어 경악의 수준에 이르렀다. '이러다가 주일까지 단수된다면…' 그 어떤 공포영화보다 소름 끼치는 시나리오였다. 많은 성도님들에게 피해를 드릴 것이 불 보듯 뻔했기 때문이다. 상상만 해도 너무 고통스러웠다. 교회의 주일 첫 예배는 오전 7시였다. 그 시간까지 단수 사태가 이어진다면 주일에 교회를 찾는 성도들과 주일학교 아이들에게 어떤 피해가 갈지 상상도 안 됐다. 자정이 넘어서는 필자와 교사들이 틈만 나면 물탱크 수위를 체크하고 기도했다. 새벽 2시, 3시, 4시가 지나도 차지 않았던 수위가 6시가 되었을 때 찼다. 그런데 여전히 물은 나오지 않았다. 펌프로 물을 끌어올리는 압력이 부족했던 것이다. 교회를 관리하시는 집사님은 물탱크 상황을 이리저리 살피시더니 고개를 절레절레 흔들었다. 가망이 없다는 뜻이었다. '거의 다 됐다'는 안도에 이어 찾아온 절망은 물탱크를 붙들고 울부짖으며 기도하게 만들었다.

새벽 6시 30분. 교회 주일예배 30분 전이었다. 부장 선생님이 공기 빼내는 작업을 하신 끝에 펌프 돌아가는 소리가 들렸다. 물 확인을 위해 지하에서 1층으로 숨 가쁘게 뛰어 올라갔을 때, 어디선가 누군가의 목소리가 들렸다. '물이 나온다!' 그 순간 다리에 힘이 풀려 바닥에 주저앉았다. 곧 다리에 힘을 주고 몸을 일으켜 모든 화장실을 다니면서 세면대 손잡이를 올렸다 내렸다. 수도꼭지에서 나오는 물에서는 영화의 한 장면처럼 영롱한 빛을 뿜어냈다. 자세히 보니 필자의 눈에 맺힌 눈물에 형광등 불빛이 비친 것이었다. 이어서 변기마다 다니며 탑처럼 쌓인 물건을 물로 내렸다. 이 일로 학생들은 필자를 '물탱크맨'이라 불렀다.

단수 사태가 일단락되자 여기저기서 간증이 흘러나왔다. 그저 불편을 감수하고 있는 줄로만 알았던 학생들은 간밤에 기도했다고 했다. 그중에는 물탱크 사건으로 사역자가 책임지고 떠나야 할까 봐 두려워서 기도한 사람도 있었지만, 많은 학생들은 주일에 성도들에게 피해가 가지 않도록 기도했다고 했다. 위기를 겪으면서 필자와 교사들만 기도한 것이 아니라 학생들도 함께 마음을 모아 준 것이다. 그 수련회는 '예수님이라면 어떻게 하실까?'로 시작했다가 '예수님이라면 이렇게 하셨을 것이다'로 마쳤다.

사건을 겪으면서 스스로 자문했다. 만약 그 동안 학생들 사이에서 '예수님이라면 어떻게 하실까'라는 물음을 지속적으로 하지 않았다면 어땠을까? 필자는 외부의 위기가 아니라 내부의 붕괴로 먼저 무너졌을 것이라 생각한다. 그전 수련회에는 음식이 맛없다고 불평했던 학생들이었다. 이번 수련회의 학생들은 위기 속에서도 성숙한 모습을 보여 줬다. 물론 불평을 한 학생들도 있었지만 훌륭하게 잘 버텨 주었다. 위기에서도 WWJD, 즉 '예수님이라면 어떻게 하실까'라는 물음은 성숙을 가져온다.

GBS, 제자 훈련 교재를 만드는 방법[6]

초대하기
GBS, 제자 훈련의 메시지로 초대한다.

① **제목:** 본문의 핵심 메시지나 배우고자 하는 내용을 담은 한 문장을 쓴다.
② **성경 본문:** 성경 본문을 쓴다. 본문 자체에 대한 이해를 위해 쉬운 성경이나 우리말 성경 등 여러 버전의 성경을 소개하는 것도 좋다.
③ **소개하는 말:** 교재의 시작과 종착점을 분명하게 소개한다. 이 본문에서 어떤 주제(목표)를 배우고, 어떤 적용(실천)을 하게 될지 쓴다. 이를 위해서 성경의 문맥과 흐름을 꼼꼼히 체크하는 과정이 필요하다. 이 부분에서 청소년들로 하여금 GBS 내용에 관심이나 필요를 느끼고 접근할 수 있도록 동기를 부여해야 한다.

성경 이야기
성경의 이야기로 초대한다.

① **성경이 쓰였을 당시 이야기:** 저자와 독자의 상황, 당시의 문화와 역사적 배경 소개하기.
② **본문의 의미 설명:** 성경 전체에서 '이 본문' 또는 '이 성경'이 가지는 의미 소개하기.

우리 이야기
우리의 이야기와 연결고리를 만든다.

① 성경 당시 독자, 문화, 배경과 우리의 사이에 있는 연결점 설명하기.
② 청소년들만의 고민과 관심을 성경 이야기와 연결하기.

성경 이야기와 우리 이야기

성경의 각 문단별로 아래 네 가지의 질문을 한다.

① **관찰 질문:** 본문을 천천히 해석하도록 돕는 질문. 성경을 찾아서 답을 얻을 수 있도록 한다. 명확한 답을 주기 위해 명확하게 질문하라.

② **해석 질문:** 관찰한 후에 더 깊이 생각하도록 돕는 질문. 본문에 하나님이 의도하신 것, 하나님이 원하시는 것을 서로 찾고 나누도록 한다. 답이 '예'나 '아니오'로 끝나는 질문은 피하라. 단순히 긍정이나 부정보다는 토론이 가능한 질문을 하라.

③ **적용 질문:** 해석한 내용을 각자의 삶에서 연결하도록 하는 질문. 해석한 내용을 토대로 개인과 공동체가 구체적으로 실천할 수 있는 것을 고민하고 찾게 한다. 적용의 대상은 청소년 개인과 청소년이 속해 있는 청소년 공동체이다.

정리하기

지금까지 공부했던 것을 새로운 말로 요약한다. 배운 것을 도전해 보도록 격려하며, 하나님의 도우심을 구하는 기도제목을 쓰게 한다.

Folder 4

동역을 위한
사역의 핵심

File 1

학생 리더를 하나님 나라의 대표 선수로 키우라

대표 선수들을 키우라

콜링에도 전략이 필요하다

보통 청소년부에서 학생 리더는 존재감이 없다. 형식적으로만 존재할 뿐 실질적인 역할은 없거나 아주 적다. 기껏해야 가끔 예배 시간에 대표기도를 하거나 광고를 하는 정도다. 대부분 학생 리더는 교역자와 교사들의 보조 역할에 머문다.

하지만 하나님 나라에는 어른과 청소년의 구별이 없다. 열외도 없다. 청소년들도 하나님이 부르시고 사용하시면 하나님의 자녀답게, 그리스도의 제자답게, 성령께서 이끄시는 하나님의 사람답게 넉넉히 제 몫을 감당해 낸다.[1] 청소년은 하나님 나라의 선수이다. 학생 리더는 대표 선수이다. 그들을 하나님 나라의 일꾼으로 콜링하는 사역이 필요하다.

의존 분담이 아니라 역할 분담을 한다

학생 리더들에게 역할에 대한 분담을 확실하게 해야 한다. 자신이 가진 역할이 무엇인지 정확하게 인지하지 못하면 의존도가 높아진다. 이것이 반복되면 서로에게 피로감만 가중된다. 통 크게 맡기고 본인 역할을 분명히 인지하게 하자. 이어서 그 역할을 잘 수행하도록 세심하게 살피는 노력이 필요하다. 역할 분담에서 기억할 것이 있다. 단순히 '일을 맡기는 것'이 아니다. 하나님의 사역에 '초대하는 것'이다. 그래서 지속적으로 청소년 리더 사역을 바라보는 진심을 공유하고 하나님 말씀으로 동기를 부여해야 한다.

학생 리더 부모님들과 미리 소통한다

학생 리더를 키우기 위해서는 학부모와의 소통이 필수적이다. 학생 리더와 동역하는 사역에서 부모님들과 갈등을 겪는 교역자들과 교사들을 종종 본다. 학생들이 사역에 쓰는 시간에 대해 학부모들마다 예민하게 생각하는 정도가 다르다. 그래서 늘 갈등의 가능성을 안고 사역한다. 이 사역은 가정들과 어떻게 소통하는가에 달렸다. 학생마다 맡은 역할을 소개하고 정확하게 얼마 정도의 시간을 써야 하는지 각 행사 때마다 미리 소통하면 된다. 가정의 상황에 따라 조율된 시간 안에 사역을 이어 나간다. 학생 리더 학부모들은 든든한 서포터즈이다. 촘촘하게 소통을 이어 나가야 한다.

함께 기도하고 말씀을 나누는 공동체가 되도록 한다

리더들에게 공동체를 만들어 주어야 한다. 청소년 리더는 역할에 대한 부르심이기도 하지만 공동체로의 부르심이기도 하다. 학생 리더들의 공동체가 실패하면 리더 사역 또한 성공하기 힘들다. 청소년부에서는 리더 간 다툼이 자주 일어난다. 그러나 공동체라는 울타리가 있으면 긍정적으로 해소될 수 있다. 리더 간에 서로를 위해 기도하고 큐티를 나누는 공동체를 만들라. 공동체성을 위해서 리더들을 주일 소그룹 반으로 편성하는 것도 좋은 방법이다. 기도와 큐티 훈련이 무르익지 않은 사람이 봉사를 하거나 리더가 되면 자신의 신앙에도 큰 어려움을 겪는다.[2] 리더 공동체 안에서 기도와 큐티 훈련을 토요일 저녁이나 주일 이른 아침을 활용해서 정기적으로 하는 것이 좋다.

그리스도 안에서 순종을 가르친다

그리스도 안에서 순종을 가르쳐야 한다. 리더는 섬김 받는 자리가 아니라 섬기는 자리임을 지속적으로 알려 주자. 흔한 경우는 아니지만 학생들이 사역에 동참하면, 교역자나 특정 교사의 말만 듣는 경우도 있다. 리더는 철저하게 낮아져서 섬기는 자리임을 가르쳐야 한다. 특히 교사와 부모님에게 순종하는 자세를 가르치라.

리더가 리더를 만나다

교회 안에서 리더 만나기

학생 리더들에게 리더를 소개하라. 학생들에게 리더에 대해 가르치는 것도 중요하다. 동시에 리더의 길을 가고 있는 사람을 만나게 하는 것도 필요하다. 교역자와 교사가 바로 '그 리더'가 되어야 한다. 그리고 '그 리더들'을 만나게 하는 가교 역할을 해야 한다. 학생 리더들은 보면서 배운다. 한번은 리더들에게 어떤 리더를 만나고 싶은지를 물었다. 담임 목사님이라고 했다. 담임 목사님께 만남을 부탁드렸더니 흔쾌히 승낙하셨다. 학생 리더들이 토요 새벽 예배를 마치고 목양실을 방문했다. 샌드위치를 함께 먹으면서 대화의 시간을 가졌다. 목양실을 방문하기 전에 학생들에게 미리 질문을 준비하게 했다(무조건 미리 준비하게 하자. 그러지 않으면 어색한 분위기만 감도는 상황이 이어질 수 있다). 청소년들은 평상시에 교회와 신앙생활에 대해서 궁금했던 것을 질문했다. 이어서 교제의 시간을 가졌다. 그때 참석한 학생 중에는 목양실에 처음 들어가 본 사람이 대다수였다. 그렇게 가까운 자리에서 담임 목사님과 대화해 본 적이 없었다. 이 경험 자체가 청소년들에게는 신선한 경험이었다.

이 경험을 통해서 청소년 사역자는 담임 목사님과 청소년들의 가교 역할을 해야 한다는 것을 깨닫게 되었다. 보통 청소년부의 학생들은 담임 목사님의 존재는 알지만 여간해서는 직접 만나 대화할 기회가 없다. 이 가교 역할을 통해 담임 목사님은 청소년들을 더 알게 되고, 청소년들은 교회를 더 친근하게 여길 수 있다.

현장에서 리더 만나기

필자 개인적으로 청소년들과 직접 만나게 해주고 싶은 분들이 있었다. 가능하면 직접 만나게 해주려 애썼다. 학생들이 특별히 손에 꼽은 인상적인 만남이 있었다. 첫 번째는 부산에서 유명한 한 할아버지와의 만남이었다. 80세가 넘으신 이 분은 그리스도의 사랑을 실천하기 위해 사는 분이셨다. 매일 새벽마다 언덕배기의 좁은 골목과 가파른 계단을 오르내리면서 신문을 배달하신다. 얻는 수익의 일부를 떼어 가난한 이웃들과 나누신다. 매달 일정 금액을 떼어 책을 사서 독서의 시간을 갖는다. 매일 30분 동안 빼먹지 않고 성경을 읽는다고 하셨다. 이분과의 만남을 주선하기 위해 편도 5시간 가까운 거리를 다녀왔다. 처음 이분의 집에 방문했을 때 학생들은 입을 다물지 못했다. 집안 빽빽이 진열되어 있는 책들을 보는 것만으로도 교훈을 얻는 듯했다. 역시나 학생들은 할아버지를 만나서 여러 질문들을 했다. 할아버지는 귀가 잘 들리지 않으심에도 열심히 경청하고 답변해 주셨다. 대화가 끝나고 집을 나서는 길, 배웅하러 나오신 할아버지는 학생들에게 '육신이 가난한 것보다 영혼이 가난한 것을 두려워하라'고 덕담해 주셨다.

두 번째 학생들이 꼽았던 인상적인 만남은 장기려 박사님과의 만남이다. 이미 오래전에 소천하셔서 직접 만나 뵙지는 못했지만 부산 초량동에 있는 기념관을 방문해 간접적으로 만났다. 그리스도의 사랑을 실천했던 한 리더의 삶은 청소년들에게 깊은 울림을 주었다.

완벽한 사람은 없다. 더욱이 완벽하게 그리스도의 모델이 될 수 있는 사람도 없다. 그러나 삶에서 그리스도를 가리키기 위해 몸부림치는 사람은 있다. 각양의 모습으로 리더의 길을 걸어가는 사람을 만나게 하는 것만으로도 학생 리더들이 자신 만의 알을 깨고 새로운 세계로 나오도록 도와줄 수 있다.

통 크게 위임할 때 생기는 일

믿는 만큼 보여 준다

청소년 리더들은 믿어 주는 만큼 보여 준다. 하나님이 청소년들을 동역자로 세우셨음을 믿으라. 청소년들에게 그 믿음을 보여 주라. 그 방법 중 하나는 '통 크게 위임하는 것'이다. 이 말은 교역자와 교사의 힘을 빼라는 뜻이 아니다. 도리어 교사의 역할을 더 강화하라는 뜻이다. 학생들을 방목하라는 의미도 아니다. 더 세심하게 살피라는 의미이다. 교역자와 교사가 본질적으로 해야 하는 일(목양, 교육)을 제외한 다른 부분을 위임하고 지지해 주는 것이다. 낙심하지 않도록 격려해 주고, 지혜롭게 행하도록 훈련해야 한다.

청소년 리더 사역에 눈을 뜨게 된 계기가 있었다. 리더들을 뽑아 놓고 수련회를 두 달 앞두고 있을 즈음이었다. 한 카페의 방을 예약하고는 학생 리더들을 소집했다. 모두가 모인 자리에서 말했다.

필자	이번 수련회는 너희들이 한번 이끌어 보자!
학생 리더 A	그게 무슨 뜻이에요?
필자	이번 수련회는 리더들이 프로그램을 기획하고, 준비물을 준비하고, 프로그램을 진행해 보자는 거야.
학생 리더 B	(노골적으로 불신을 드러내며) 어차피 우리가 말해도 결국 다 선생님들 마음대로 하실 거잖아요.
필자	(진심 어린 표정을 지으며) 무엇이든 해봐! 그 다음은 나랑 선생님들이 책임질게!

이 말이 싫지 않았는지 그동안 수련회 때 하고 싶었던 것들을 쏟아 냈다. 게임을 통해 차등적으로 획득한 재료로 음식을 만드는 요리 경연대회, 장기자랑, 캠프파이어, 불꽃놀이, 물놀이 게임, 영화 보기, 풍성한 양의 바비큐 파티 등등을 말했다. 그들에게 3가지를 부탁하며 첫 모임을 마쳤다.

① 나와 선생님들을 조금 더 큰 틀에서 고민하는 일종의 코치로서

존중하고 따라 줄 것.

② 자신의 수련회라고 생각하고 책임감 있게 임해 줄 것.

③ 성경 공부 시간이나 특강 시간, 그리고 저녁 집회 시간에 집중을
다해 줄 것.

교사들은 학생들이 원하는 프로그램을 적극적으로 지지해 주었다. 교육을 위해 교사들 스스로 필요하다고 생각하는 프로그램을 첨가했다. 이렇게 교사들과 학생 리더들이 모여 프로그램을 주제에 맞게 협의해서 정했다. 또 한 가지 수확은 수련회마다 홍역을 겪는 '조 배정' 문제의 해결점이 리더들에게서 나왔다는 점이다. '학생들이 직접 추첨해서 조를 정하자'는 것이다. 청소년들(특히 중학생)에게 조 배정은 아주 예민한 문제다. 기존에는 교역자나 교사가 학생들을 조에 배정해서 발표했다. 학생들은 친한 친구들과 같은 조가 되지 않으면 떼를 썼다. 어떤 중학생은 울기까지 했다. 수련회 첫날은 이런 아이들을 달래느라 아까운 시간을 보내야 했다. 그렇다고 친한 아이들로 조를 묶어 주면 집중도가 떨어진다. 수련회가 진행되지 않을 만큼 산만해졌다. 수련회 기간 동안 끼리끼리 다니면 친하지 않거나 잘 몰랐던 사람들과 교제할 기회를 놓치게 된다. 그런데 각 조의 조장을 미리 정해 놓고 조원은 수련회 당일에 스스로 제비뽑기를 해서 들어가도록 했더니 학생들은 아쉬워했지만 떼를 쓰거나 울지 않았다. 이렇게 학생들 시선에서 볼 수 있었다.

수련회를 준비하는 한 달 넘는 시간 동안 학생 리더들은 믿어 주는 것 이상으로 움직였다. 프로그램의 디테일을 정하고 누가 진행할지 본인들이 정했다. 프로그램에 필요한 물품을 위해 본인들이 장보고 준비했다. 전지에 시간표를 그리고 시트지를 오려서 이름표를 만들었다. 골든벨에 쓰려고 스스로 디자인한 용지를 코팅했다. 조 추점에 쓸 용지와 추첨함을 만들고, 조별 점수판을 만들었다. 이렇게 수련회에 필요한 것 대부분을 학생들이 신경 써서 준비했다.

　학생 리더들은 수련회 전날 수련회장을 미리 갔다. 그날 늦은 밤까지 모든 일정과 프로그램을 점검하고 준비물을 체크했다. 리더들 스스로 말이다. 그날 저녁, 필자가 미리 준비한 리더용 티셔츠를 전달했다. 수련회를 위한 단체 티셔츠를 주문 제작했다. 그런데 리더와 교사용은 색깔과 디자인을 달리했다. 학생 리더 티셔츠 등판에는 'Leader'라는 글자를 새겼다. 교사 티셔츠 등판에는 'Mentor'라고 새겼다. 이런 소소한 차이는 학생 리더들에게 자율성과 책임성을 부여하는 데 도움이 되기 때문이다.

　당일이 되어 수련회가 시작될 때 이들의 고민과 준비는 더 빛을 발했다. 우선 참여한 다른 학생들이 충격을 먹었다. 평상시에는 그저 그런 친구인 줄 알았는데 앞장서서 주도적으로 이끌어 가는 모습에 신선한 충격을 받은 듯했다. 같은 청소년들이 솔선수범하며 섬기는 모습에 다른 청소년들은 어르고 달래거나 윽박지르지 않아도 저절로 따라갔다. 학생들은 시간이 지날수록 '저 내년에 리더 할

래요!' '내년에 리더하려면 어떻게 해야 해요?'라고 묻기 시작했다. 그 정도로 학생 리더들의 영향력은 엄청났다. 이런 현상을 전문용어로 '또래 압력'이라고 부른다. 친구의 능동적인 활동이 또래 친구에게 선한 영향을 끼치는 것이다. 학생 리더가 또래에게 영향을 미치도록 훈련하는 것도 청소년 사역의 핵심이라 할 수 있다.[3]

청소년들의 헌신은 교사의 본질을 세운다

학생 리더들이 수련회를 준비해 준 덕분에 필자와 교사들은 교육에 더 많은 시간을 투자할 수 있었다. 저녁마다 모여 GBS 인도를 준비하며 성경을 연구했다. 학생들에게 메시지를 전하는 코스 학습을 집중적으로 연구했다. 그래서 수련회 전반과 집회를 위해 더 집중적으로 기도할 수 있었다. 더불어 학생 리더들이 하고자 하는 일을 뒤에서 적극적으로 지도했다. 더 구체적으로 기획하고 진행할 수 있도록 조언과 격려를 아끼지 않았다. 지원도 아끼지 않았다. 심지어 학생들이 기획한 요리 경연대회를 위해 교사들은 집에 있는 살림 도구를 차 하나에 가득 실어 가기도 했다.

이 일로 가장 충격을 받은 사람은 필자와 교사들이었다. 수련회 기간 동안 교사들은 모였다 하면 '바로 이거다!' 하고 감탄을 연발했다. 청소년 사역의 새 지평을 경험하는 시간이었다. 학생 리더들이 꼭 좋은 결과를 내서가 아니다. 직접 뛰는 모습을 볼 수 있고, 다른 학생들도 선한 도전과 자극을 받아 따라가는 것을 보는 것은 생각 이상으로 흥분되는 일이다. 통 크게 위임하고 세심하게 살피는 사역은 무조건 열매를 맺게 되어 있다.

학생 리더를 교사 서포터즈로 세우라

학생 리더들의 교사 심방

교사들만 학생들을 심방할 수 있는 것은 아니다. 학생 리더들에게도 교사를 심방하게 할 수 있다. 교사 심방으로 교사를 응원하고 격려할 수 있다. 학생 리더들을 교사를 응원하는 서포터즈로 세우라. 교사와 함께 웃고 함께 울 수 있는 곳을 찾아가게 하라. 한 교사가 가장 큰 격려를 받았던 적이 있다. 그 교사는 질병이 발견되어 갑자기 수술을 해야 했다. 수술 후에 입원실에서 회복 중이었다. 물론 교사들도 심방을 갔다. 학생 리더들도 따로 팀을 꾸려 방문했다. 학생들이 병실에서 기도해 주는 일은 아픈 교사에게 또 다른 감동이었다. 학생 리더들에게도 자신의 사역에 보람을 느끼는 기회가 된다. 교사에게 위로와 격려가 필요할 때 학생들이 직접 심방을 가서 응원하고 기도할 수 있다.

스승의 날 심방

스승의 주일 이벤트를 학생 리더들에게 맡기라. 학생들이 스스로 교사에게 감사를 표현하는 기회가 된다. 교사는 학생의 직접적인 표현에 큰 격려를 받는다. 가능하다면 스승의 날에 학생 리더들과 팀을 꾸려서 교사 집에 깜짝 방문하기를 권한다. 한번은 스승의 날을 맞아서 교사의 집을 찾았다. 무작정 예고 없이 찾아가서 벨을 누르고 방문했다. 학생 리더들마다 감사 문구가 적힌 피켓을 들고, 미리 학생들에게 받은 롤링 페이퍼와 카네이션을 들고 들어갔다. 예상치 못한 방문에 깜짝 놀라며 문을 열어 맞아 주는 교사에게 '스승의 은혜'라는 노래와 감사 세리머니를 했다. 모든 교사들이 놀라움과 감격을 감추지 못했다. 그날 가장 큰 격려를 받았던 사람은 다름 아닌 학생 리더들이었다. 고마워하는 교사 분들을 보면서 역으로 학생 리더들이 감격스러워했다. 자신도 교사들을 행복하게 할 수 있다는 것은 감동적인 경험이다.

File 2

교사를 대표 선수이자 코치로 세우라

산을 지키는 숲, 교사 공동체

결국 교사가 남는다

청소년 사역에 있어 '교역자의 개인기'와 '교사 공동체', 둘 중 어떤 것이 더 중요할까? 답은 둘 다 중요하다. 하지만 우선적으로 교역자 개인의 능력은 교사 공동체를 건강하게 세우는데 발휘되어야 한다. 청소년 사역자의 성공 바로미터(barometer)는 학생들에게 인기를 끄는 데 있지 않다. 개인의 능력을 인정받는 데도 있지 않다. 교사 공동체를 잘 세우는가에 있다. 물론 교역자가 자신의 역량을 잘 발휘하고 학생들에게 좋은 반응을 끌어내는 것은 너무나 좋은 일이다. 하지만 여기서 그치는 것이 문제다. 적지 않은 경우, 실력 있는 교역자가 한 부서를 다녀가면 학생은 증가하는지 몰라도 교사 공동체는 무너지는 것을 본다. 교역자의 화려한 개인기만 남은 것이다. 결국 교사 공동체가 세워지지 않으면 제자리로 돌아오는 것은 시간 문제다. 왜냐하면 교역자가 떠나고 학생은 졸업해도 결국 교사가 남기 때문이다.

청소년 부서를 산으로 비유하면, 교역자는 산에 잠시 머물다 지나가는 바람인 반면에 교사들은 산을 지키는 숲[4]이라고 할 수 있다. 산은 숲이 건강하지 않으면 위태하다. 반면에 숲이 건강한 산은 힘이 있다. 교사가 사명감으로 가득하고 교사 공동체가 건강하게 세워진다면 청소년부는 소망이 있다. 이것을 위해 하나님은 교역자와 책임자로 부르셨다. 왜냐하면 우리는 "성도를 온전하게 하여 봉사의 일을 하게 하며 그리스도의 몸을 세우는"(엡 4:12) 사명을 위해 부름 받았기 때문이다.

교사를 대표 선수이자 코치로 생각하라

교사는 운동 경기에서의 역할로 치면 대표 선수이자 코치이다. 하나님 나라를 위해 뛰는 선수이며, 선수들을 훈련시키는 코치이다. 교역자는 선수이자 코치이며 감독의 역할을 한다. 교역자는 교사가 대표 선수로서 역할을 잘하고, 코치로서 영향을 발휘하도록 돕는 역할을 해야 한다. 이 역할을 잘하도록 돕는 첫걸음은 교사를 '대표 선수이자 코치'로 인지하는 것이다. 교사들도 목양의 대상이다. 왜냐하면 현장에서 뛰어야 하는 선수이기 때문이다. 교사가 대표 선수라는 것을 인지하지 못하면 목양이 되지 않는다. 도리어 제 역할을 다하지 못하는 것처럼 보일 때 판단하거나 정죄하게 된다.

기억하라. 교사는 판단의 대상이 아니라 목양의 대상이다.

교사가 코치라는 것을 인지하지 못하면 동역이 되지 않는다. 실제로 일을 맡기지 않는다는 뜻이 아니다. 일을 제대로 맡기지 않는다는 의미다. 코치의 일은 학생을 목양하는 일이다. 그래서 교사의 사역은 동역에 있어서 수단이 아니라 목적이 되어야 한다. 결코 교역자의 보조 수단이 되어서는 안 된다. 도리어 학생을 잘 목양할 수 있도록 학생과의 가교 역할을 하며 서포터 역할을 해야 한다.

교사들이 가끔 실망하는 포인트가 2가지 정도이다. 첫째, 부서에서 결정하는 일에 참여하지 못하고 통보받을 때이다. 그때 동역자로 여겨지기보다는 사역을 위해 동원된다는 느낌을 받거나 소모품이라는 생각을 한다. 사소한 것이라도 물어보고 소통하라. 둘째, 담당 학생의 상황을 교사인 자신은 모르는데 교역자나 다른 교사가 알고 있을 때이다. 물론 학생의 프라이버시를 지켜 줘야 하는 상황이 있을 수 있다. 그런 경우가 아니라면 혼자만 알고 있지 마라. 당사자에게 교사와 공유해도 되는지 물어보라. 가능하다면 꼭 담당 교사에게 알려서 함께 기도하고 목양하도록 해야 한다. 부장교사나 임원 교사에 대해서도 마찬가지다. 교사에 관해 꼭 프라이버시를 지켜야 하는 일이 아니라면 혼자만 알고 있기보다는 부장교사나 임원 교사에게 알려서 함께 목양해야 한다.

교사를 당당한 대표 선수로 세우라

두려움 없는 교사 팀 만들기

건강한 교사 공동체는 심리적 안정감이 있다. 심리적 안정감은 '자유롭게 의사소통할 수 있는 분위기'를 뜻한다. 더 나은 사역을 위해 얼마든지 자신의 의견을 말할 수 있는 분위기를 조성하는 것이다. 팀 내에 이런 심리적 안정감이 형성되면 교사들은 언제나 문제를 제기하거나 다른 의견을 말해도 모욕당하지 않고, 무시당하지 않으며, 질책당하지 않는다고 확신한다."[5] 이렇게 교사팀 내에서는 자신의 의견을 말하는 것에 대한 두려움이 없어야 한다. 두려움이 없는 교사 팀을 위해서 2가지가 필요하다.

① 방어적인 자세보다 경청의 자세 가지기 방어적인 자세는 감정적인 대립으로 가게 된다. 한번은 청소년부 설교를 마치고 내려왔는데 휴대폰에 한 장문의 메시지가 와 있었다. 우리 부서 한 청년 교사가 보낸 내용이었다. 내용을 보니 장문의 설교 비평이었다. 어떤 것은 좋았고, 어떤 것은 아닌 것 같다는 식의 의견이었다. 그때는 나름 청소년 설교에 대한 자신감이 있었다. 그래서 좋았다는 내용보다 아닌 것 같다는 내용이 더 커 보였다. 사실 거슬렸다. 답장을 썼다. 인정할 부분은 인정했지만, 거슬리는 부분은 반박하는 글을 써 내려 갔다. 최대한 감정을 억누르고 썼지만 차마 숨길 수 없었을 것이다. 마지막에는 설교를 비평 목적으로 대하는 태도는 지양해 달

라고 부탁하며 답을 보냈다. 이 글이 최대한 나이스하게 보여야 한다고 의식하고 쓰는 동안 나의 깊은 내면에는 숨은 본능이 있었다. '지면 안 된다. 이겨야 한다. 설교에 관해서는….' 답장을 보낸 결과는 이 교사가 부서를 나가는 것이었다. 끝까지 붙잡았지만 소용이 없었다. 철저한 패배 의식에 빠졌다. 이기려고 했던 시도가 비참한 영적 실패로 다가온 것이다.

사실 개인적으로 거슬렸던 부분도 필자 개인에 대한 인신공격이라기보다는 청중인 청소년들을 위해서 더 나은 의견을 제시한 것이었다. 물론 기분이 좋을 수는 없다. 그렇지만 감정에 반응하지 않을 수 있었다. 도리어 그 의견을 통해 충분히 성찰하는 기회로 삼을 수 있었다. 방어적으로 반응했을 때 감정적인 대립으로 빠지기 쉽다. 두려움 없는 교사 공동체를 위해서 자신의 의견을 두려움 없이 말할 수 있도록 만들어야 한다. 어떤 의견이 나오면 성찰의 기회로 삼아야 한다. 계속 방어적으로만 반응한다면 그 공동체에는 더 이상 창조적이고 생산적인 의견이 나올 수 없기 때문이다.

② **반복적인 실수 하지 않기** 실수나 허점을 개선해 달라는 의견이 나왔다면 같은 실수를 반복하지 않도록 노력해야 한다. 같은 일이 지속적으로 반복되면 상대방은 무시당했다고 생각할 수 있다. 그러면 더 이상 건설적인 의견은 나오지 않을 것이다. 참고로 이런 공동체가 가능하기 위해서는 필요한 것이 있다. 의견을 개진할 때 서로 예의를 지키도록 미리 원칙을 세우는 것이다.

1. 맷집을 길러라

리더는 누구도 완벽하게 만족시킬 수 없다. 모든 사람이 리더를 좋아할 수 없다. 리더 스스로도 완벽할 수 없고 사람마다 각기 성향이 다르기 때문이다. 리더에 대해 좋은 반응만 있기를 바라지만 꼭 그렇지는 않다. 리더의 자리는 사람들의 주목을 끄는 곳인 만큼 무거운 자리이기도 하다. 리더는 맷집을 길러야 한다. 다른 의견에 대해 방어적인 자세나 감정적인 대응을 하기보다 긍정적으로 해석할 수 있는 맷집을 길러야 한다.

2. 분별력을 가지라

팀 내에서 다른 의견이 있을 수 있다. 인신공격을 위한 목적이 아니라면 경청해야 한다 (함께 들은 두세 증인이 인신공격이라고 느꼈다면 인신공격일 가능성이 높다. 그럴 경우에는 중재가 필요하며, 관계를 회복하도록 노력해야 한다). 그리고 분별해야 한다. 그 의견은 '존재'에 대한 지적이 아니라 '그 일'에 대한 지적임을 분별하자.

대화하는 교사 공동체

사역하는 공동체가 되기 전에 대화하는 공동체가 되라. 유진 피터슨은 "그리스도의 충만한 분량에 이르는 대화의 공동체"가 필요하다고 말한다. 그 "대화를 통해 우리는 모두 초심자가 된다"고 말한다.[6] 교사 공동체에서 주일 외에 따로 시간을 내어 엠티 형식으로 야외로 나가라. 그리고 회심에 대해 대화를 나누라. 필자 개인적으로 했던 질문은 다음과 같다. "주님을 어떻게 만나셨어요?" 그러면 대부분 "바야흐로…" 라고 입을 떼면서 은혜로운 과거로 돌아간다. 주님이 만나 주신 스토리를 전하는 교사의 눈빛을 보면 보석같이 빛난다. 듣는 이들도 자연스럽게 그분의 스토리에 참여하게 된다. 대화의 끝은 항상 '그리스도'이다. "만약 예수님을 만나지 않았더라면 난 정말 불행했을 것이다"라며 결론 짓는다. 결국 주님과의 친밀함이 우리의 답임을 확인한다. 그런 대화의 공동체로 인해 '그리스도 안에서 우린 초심자이며, 함께 자라 가는 동역자'임을 깨닫게 된다. 교사에게 꼭 부탁할 일이 있을 때만 전화하거나 찾아가지 마라. 아무 목적 없이, 이유 없이 전화하거나 찾아가라. 이것이 진정한 대화를 가능하게 하고 공동체를 세우게 한다.

교사를 우선 심방한다

청소년 사역 심방에는 여러 종류가 있다. 학생 가정 심방, 학교 심방, 도서관 심방, 교사 심방이 있다. 청소년 사역에서 중요한 비중을 차지해야 할 심방은 교사 심방이다. 청소년 사역은 교역자가 직접 학생들을 목양하기도 하지만 교사를 통해서 목양하는 사역이기도 하다. 교사 심방을 통해 학생 목양에 대한 본을 보여 줄 수 있다. 교사의 가정과 직장으로 심방을 떠나라. 목양하고 본을 보이라. 덕 필즈는 청소년 사역의 핵심 목표와 방법을 다음과 같이 정리했다. "모든 학생들이 다 알려지고, 사랑받고, 보살핌을 받고, 훈련되는 것이 제 사역의 목표입니다. 그러나 그 일은 제가 혼자 할 수 있는 일이 아닙니다. 그래서 저는 교사들이 제가 학생들과 함께하기 원하는 일들을 할 수 있도록 교사들을 사랑하고 그들에게 본을 보이는 일을 중시하게 될 것입니다."[7] 교사 심방을 통해 교사들을 사랑하고 본을 보이는 역할을 할 수 있다. 이것이 효율적인 사역을 가능하게 한다. 덕 필즈는 심방을 할 때 학생 심방과 교사 심방에 각각 절반의 시간을 분배하라고 권한다. 만약 10시간을 심방한다면, 학생만을 심방하지 말고 5시간 정도는 교사를 만나는 데 할애하라는 것이다. 이어서 그는 확률적인 통계를 내놓는다. 정리해 보면 다음과 같다. 수요일부터 금요일까지 매일 1시간씩 심방한다고 가정해 보자. 하루 2명의 학생들을 심방한다면 6명의 학생을 만날 수 있고, 한 달이면 24명을 만날 수 있다. 그러나 수요일부터 금요일까지 매일 1명의 교사와 1명의 학생을 심방한다면 3명의 교사와 3명의 학생을 만날 수 있다. 매일 만나는 교사에게 학생을 목양하도록 훈련하고, 그 교사가 주중에 3명의 학생과 함께 시간을 보낸다면 한 달에 48명의 학생들을 섬길 수 있다. 혼자 심방하는 것보다 함께 심방하는 편이 더 효율적이라는 것이다.[8] 이 구도는 편차가 있을 수 있다. 꼭 들어맞지 않을 수 있다. 하지만 '혼자'보다 '함께'가 더 힘이 있음을 보여 준다.

교사의 가정을 찾아간다

청소년 사역을 하다 보면 교사들의 헌신 이상으로 교사 가족들의 헌신도 만만치 않다는 것을 보게 된다. 어린아이가 있는 가족은 교사 사역이 있는 주일이나 수련회 일정 동안 전담해서 아기를 돌본다. 잦은 사역 일정으로 인해 가정의 일을 양보해야 할 때가 많다. 엄밀히 말하면 교사들의 가족의 헌신이 있기에 교사 사역이 가능한 것이다. 그래서 감사의 마음을 전할 수 있으면 좋다. 교사만이 아니라 교사 가족도 큰 격려를 받는다. 꼭 거창한 이벤트나 비싼 선물을 준비하지 않아도 된다. 서로 부담이 되면 도리어 역효과다. 마음을 전할 수 있는 정도면 된다. 스승의 날이나 주일을 기회 삼아 감사의 마음을 표현해 보기를 권한다.

필자와 학생 리더들은 스승의 날에 교사의 가정을 깜짝 방문했다. 교사에 대한 감사와 더불어 교사 가족에게도 감사를 표했다. 간단하다. 교사 가족에게도 선물을 전달하는 것이다. 가족끼리 먹을 쿠키 상자를 준비해서 표면에는 다음의 글을 썼다.

♡ ○○○ 선생님을 보내 주셔서 감사합니다 ♡
청소년 학생들이 사랑으로 성장할 수 있도록
○○○ 선생님을 보내 주셔서 감사합니다.
선생님 가족 분들의 배려와 관심, 지지에 감사드립니다.
— ○○교회 청소년들 드림 —

표현하지 않으면 알 수 없다. 기회를 잡아 마음을 표현했을 때 가족들은 교사의 지원군을 넘어 청소년 사역에 헌신한다고 느낀다. 고마운 마음을 표현하라. 교사 가족도 청소년 사역의 팀원이고 든든한 지원자이다.

기도의 공동체를 세운다

청소년부 교사들이 공적으로 모일 때 주로 회의로 시간을 보내기 쉽다. 시급하게 일을 처리해야 할 때는 회의만 하기에도 빠듯하다. 회의 시간만 반복되면 모두가 고갈되기 쉽다. 바쁠수록 우선 기도의 시간을 가지라. 기도 없이 돌입한 1시간의 회의보다 기도로 시작한 단 10분의 회의가 더 낫다. 사역의 중요한 사안을 공유하고 결정하기 전에 서로의 기도제목을 나누고 기도하라. 서로의 기도제목을 공유하고 기도하는 것을 회의에서 가장 중요한 초반에 배치하라. 처음에는 시간에 쫓기게 되거나 아쉬운 말이 나올 수 있다. 하지만 시간이 갈수록 문화로 자리 잡게 된다. 서로를 위해 기도하는 문화가 정착하면 기도하는 데서 그치지 않는다. 서로의 필요를 채운다. 물질적이나 정서적으로 말이다. 교사 공동체를 기도 공동체로 세우는 것은 아주 가치 있는 사역이다. 서로가 기능을 위한 동료가 아니라 그리스도를 따르는 사명 공동체로 세우는 일이기 때문이다. 이 공동체는 청소년 사역 전체에 선한 영향을 미친다.

교사는 함께 뛰는 코치다

지속적으로 철학과 진심을 공유한다
"절대 조급해하지 마라" 교사와의 동역 관계를 묻는 동료 사역자들에게 자주 하는 말이다. 동료 청소년 사역자들 중에 동역하는 교사와의 관계를 생각하면 가슴이 답답하다고 말하는 이들이 제법 있다. 교사들이 기대만큼 잘 안 움직여 준다는 것이다. 특히 이 말은 청소년 사역 초기일수록, 영혼에 대한 애정이 간절할수록 짙게 새어나온다. "절대 조급해하지 마라." 여유를 가지고 자신이 청소년 사역에 대해 가지고 있는 "철학과 진심을 자주 공유하라." 교역자가 생각하는 사역 철학에 처음부터 모두가 풍덩 빠지기를 기대하지 마라. 서서히 물들게 하라. 이를 위해서는 조급해하기보다 지속적으로 철학과 진심을 공유하는 수고가 필요하다. 더불어 그 철학을 삶으로 직접 본을 보이라. 교사에게는 심방의 중요성을 강조하지만 청소년 사역자 본인은 삶으로 행하지 않는다면 진심이 전달되지 않는다.

교사 리더 팀을 세운다

① 리더십 분담 교사 공동체 내에서 주도적인 역할을 할 수 있는 리더팀을 세우라. 보통은 부장 교사, 부감 교사, 총무 교사, 회계 교사. 서기 교사 등이 교사 리더가 된다. 기능적 역할로만 세우지 말고 하나의 팀을 이루라. 이 팀을 통해 2가지 역할을 할 수 있다. 첫째, 청소년 사역에 지지를 얻을 수 있다. 사역에 필요한 일이라는 확신이 들면 사전에 미리 의견과 지혜를 구하라. 이 팀을 적극 설득하고 지지를 얻는 것이 좋다. 든든한 지원군이 되기 때문이

다. 둘째, 교사 공동체를 함께 돌볼 수 있다. 교사를 목양하거나 심방하기 위해 함께 사역할 수 있다. 가능하면 교사 공동체를 운영할 때도 그 역할을 교사 리더들에게도 분담해서 위임하기를 권한다. 한 예로 행사에 관해 공지하거나 의견을 묻는 소통의 역할과, 교사 모임을 진행하고 주도하는 운영의 역할을 분담하라. 교사로 '하게 하는' 사역이 교사의 자발성을 더욱 끌어낸다.

② **임원 교사와의 리더십 조정** 교사에게 '하게 하는' 리더십은 분담하는 것으로 끝나지 않는다. 도리어 시작이다. 리더십을 분담할 뿐 아니라 교통정리를 확실히 하라. 이 점을 소홀히 하면 리더십에 충돌이 일어날 수 있다. 먼저 리더십은 역할이지, 특권이나 권리가 아님을 분명히 하라. 주인 의식이 아니라 청지기 의식으로 섬기도록 지속적으로 권면할 필요가 있다.

리더십을 유연하게 조정하라. 이것이 가장 예민하게 적용되는 지점이 있다. 부장 교사(팀장 교사)와의 동역이다. 이 두 관계의 교통정리가 되지 않으면 사역이 삐걱대게 된다. 극단적으로는 교사들이 양분될 수 있다. '사역자파'와 '부장 교사파'로 말이다. 그래서 서로의 역할을 확실히 해야 한다. 보통은 사역자를 교육 담당으로, 부장 교사를 운영 담당으로 위임할 수 있다. 학생들과 교사들, 학부모들을 양육하는 일에는 사역자가 주도적인 역할을 하고, 부서 소통과 교사회를 운영하는 일에는 부장 교사가 주도적인 역할을 한다.

주도적인 역할을 한다는 것은 상대방을 배제한다는 의미가 아니다. 소통의 역할을 주도한다는 의미다. 서로 간의 소통을 끌어내서 일이 되도록 하는 역할이다. 개인적으로는 위와 같이 사역자가 목양 담당, 부장 교사가 운영 담당을 하되 수련회나 선교 여행과 같은 특별 행사는 유급 사역자가 컨트롤타워의 역할을 하기를 권한다. 다른 말로 평상시의 교사 회의는 부장 교사가 진행하고, 특별 행사는 사역자가 진행하기를 권한다. 현장의 특성상 유사시에 빠른 판단과 책임이 요구되기 때문이다. 상황에 따라 유연하게 리더십을 조정할 수 있어야 한다.

가르침에 대한 마음과 능숙한 기술을 전수한다

청소년 교사의 핵심 사역은 학생을 목양하는 것이다. "마음의 완전함으로 기르고 손의 능숙함으로 지도하는"(시 78:72) 것이다. 이 목양의 본질은 청소년을 위해 기도하게 하고 말씀을 먹이는 일이다. 교사의 목양을 위해서 3가지에 중점적으로 도전하라. 첫째, 청소년을 양육하는 장으로 교사들을 초대하라. 소그룹 내의 성경 공부 인도만이 아니라 큐티 훈련과 제자 훈련과 같은 특별반을 맡기라. 청소년 사역자 혼자 모든 것을 감당할 수 없다. 여기서 중요한 것은 초기일수록 소수의 교사로 시작한다는 것이다. 교사에게 자원을 받아서 시작하거나, 자원이 없다면 가능한 교사에게 개인적으로 권면해서 시작하는 것이 좋다. 처음부터 다수로 시작하면 본질을 벗어난 일에 신경을 빼앗길 수밖에 없다. 둘째, 교사를 훈련하는 일에 모든 힘을 걸어라. 학생을 양육하기 위해 필요한 마음과 기술을 전수하라. 셋째, 교사가 학생들을 양육하는 현장을 세심하게 보살펴라. 맡겨만 놓고 관심을 끊으면 곤란하다. 계속해서 모니터링해야 한다. 교사가 낙심하는 일은 없는지, 고민하고 있는 것은 없는지, 교사에게 필요한 것은 없는지 계속해서 보살펴야 한다. 양육하는 현장을 찾아가 격려하는 것도 하나의 방법이다. 필자 개인적으로 청소년 사역에 있어서 정말 보람 있었던 때가 있다. 바로 교사가 청소년들을 말씀으로 양육하는 영광에 눈을 뜰 때이다. 이 영광에 눈을 뜨면 청소년 사역의 또 다른 세계가 열린다.

리더십을 인정받지 못한다고 느낀다면?

신뢰를 위한 시간이 필요하다

기대만큼 교사팀 내에서 청소년 사역자의 리더십이 인정받지 못한다고 느낀다면, 3가지 중에 하나다. 첫째, 시간이 더 필요하기 때문이다. 둘째, 관계가 충분히 쌓여야 하기 때문이다. 셋째, 청소년 사역자가 그냥 마음에 들지 않기 때문이다(이것은 단순히 미워하는 감정보다는 성향의 차이에서 비롯되는 일종의 불편함이다). 3가지 모두 청소년 사역자가 인위적으로 해결할 수 없다. 일정량 함께하는 시간이 필요하다. 실제로 시간은 많은 것을 해결한다. 교사팀 내에서 영향력 있는 리더십을 위해 3가지를 제안하고 싶다. 첫째, 개인적으로 자주 만나라. 일을 위한 만남이 아니라 단순히 함께 식사하고 차를 마시는 시간을 가지라. 둘째, 맡겨진 일에 최선을 다하라. 대표적으로 설교가 있다. 청소년 설교를 위해서 끊임없이 개발하고 공부하라. 설교자로서 권위를 잃으면 많은 것을 잃는다. 셋째, 자신의 약함을 인정하는 것을 두려워하지 마라. 완벽하지 않아도 된다. 누구도 완벽한 사람은 없기 때문이다. 때론 완벽한 모습을 보이기 위해 애쓰기보다 약점을 인정하고 진솔하게 도움을 구하는 것이 신뢰를 얻는 데 도움이 된다.

오래된 분들에게 감동이 필요하다

어느 청소년부나 오랜 시간 교사로 몸담은 분들이 있다. 먼저 이분들을 진심으로, 그리고 전략적으로 대해야 한다. 이 말은 모든 수단과 방법을 동원해서라도 포용하라는 것이다. 사역자의 권위와 리더십은 포용력에서 나온다.[9] 사람에 따라서는 사사건건 트집을 잡거나 하려는 일을 반대하는 것처럼 느껴질 수 있다. 이때 사역자가 결정하게 되는 최악의 선택은 2가지다. 먼저는 사사건건 충돌하는 것이다. 감정적으로 날을 세우며 반응하는 것은 동역의 가능성을 깨버린다. 다음은 사역자 본인에게 호의적으로 대하는 사람들과만 가까이 지내는 것이다. 일반적으로 오래된 교사와 어울리려 하기보다 젊은 교사들과 어울리기 쉽다. 이 2가지 모두 최악의 선택이다. 자의든 타의든 청소년 사역의 수명을 단축시키는 일이다. 경험상 교사 동역 공동체는 개혁하려 하거나 가르치기보다 감동이 우선이어야 한다. 감동은 예수님처럼 자세를 낮추고 섬길 때 가능하다. 오래되신 분들의 노고와 수고를 인정하라. 긴 안목을 가지고 격려하고 세워 주라. 이분들과 동역이 되지 않으면 한 걸음도 나아가기 힘들다.

교사들을 믿으라

교사들을 믿으라. 이유를 막론하고 모두가 하나님이 청소년 사역을 위해서 부르신 너무나 귀한 동역자이다. 하나님의 열심이 교사들을 귀하게 사용하고 계시고 또 사용하실 것임을 믿으라. 누구보다 더 교사들이 잘 안다. 자신이 신뢰받는지 아니면 평가받고 있는지 말이다.

물론 함께 동역하다 보면 교사들의 말과 행동으로 상처를 받을 수 있다. 그래도 믿으라. 교사들에 대한 믿음을 자주 표현하라. 교사들은 믿어 주는 만큼 성장할 것이다.

더불어 성장하는 배움 공동체

청소년들을 성장하게 하려면 청소년 사역자를 포함해 교사들도 성장해야 한다. 청소년들과 더불어 성장해야 한다. 그래서 '청소년 교사 공동체'는 '배움 공동체'여야 한다. 정기적으로 교사 세미나를 열거나 하나의 책을 정해서 북스터디를 진행해도 좋다. 한 번에 한 권의 책을 다 읽고 나눔을 하는 방법도 있지만, 한 책을 나눠서 챕터별로 나눔을 하는 방법이 있다. 어떤 방법이 더 낫다고는 할 수 없다. 중요한 것은 교사들도 참여하도록 하는 것이다. 교사도 함께 요약이나 감상을 준비해 오도록 하는 방식이 좋다.

신입 교사들을 교육하는 매뉴얼을 준비해 두기를 권한다. 적지 않은 경우 신입 교사를 위한 훈련이 없다. 군인이 준비되지 않고 전쟁터로 나가는 것만큼 위태로운 일은 없다. 교사도 마찬가지다. 청소년 사역에 대한 철학, 청소년 교사가 지녀야 할 사명과 정체성, 청소년 교사로서 알아야 할 전문 지식을 꼭 전수해야 한다.

File 3

부모님을 서포터즈로 세우라

부모님을 청소년 사역 현장으로 초대하라

청소년부와 부모님, 서로가 필요하다

처음 부모님과 함께하는 사역을 시도할 때 생각만큼 쉽지 않았다. 부모님들은 청소년 사역에 참여한다는 것을 부담스러워했다. 청소년들도 부모님들이 청소년 사역에 함께하는 것을 어려워했다. 교사들도 부모님이라는 또 하나의 사역이 더해진 것 같다며 피로감을 호소했다. 하지만 쉽지 않았던 것만큼 열매도 달았다. 부모님들이 든든한 후원자가 되어 주셨기 때문이다. 기도의 후원뿐만 아니라 필요하다면 기꺼이 지갑도 여셨다. 그러나 단지 이런 효과로만 접근할 수 없다.

부모님과의 동역은 선택이 아닌 필수다

부모님과 함께하는 것은 단지 실용적인 차원이 아니다. 본질적인 차원이다. 그 이유는 몇 가지로 정리할 수 있다. 우선 청소년의 진면목은 부모님이 가장 잘 알기 때문이다. 한 영혼을 목양할 때 그 대상을 잘 알지 못하면 피상적인 사역이 되기 쉽다. 반면에 그 대상을 알아 갈수록 실제적인 필요를 알게 되고 친밀한 사역이 가능하게 된다. 개인적으로 이 점은 아주 유익했다. 부모님과 소통하면서 그전까지는 몰랐던 학생들의 사정을 들여다볼 수 있었기 때문이다. 어느 때는 부모님과 함께 가출한 자녀를 찾으러 다니기도 하고, 부모님과 함께 학폭위(학교폭력 대책 자치위원회)를 오가기도 하면서 사역이 조금씩 깊어지는 경험을 했다. 아는 것과 사랑하는 것은 서로 연결되어 있다.[10] 청소년을 알아 갈수록 그들에게 가장 필요한 것은 오락이나 치킨이 아니라 그리스도의 사랑임을 절감하게 된다. 그리스도의 사랑을 구할 수밖에 없다. 이것이 청소년 사역을 본질로 이끈다.

부모님이 청소년에게 가장 많은 영향을 미친다

부모의 신앙관과 세계관은 청소년들의 신앙 형성과 성장에 큰 영향을 미친다.[11] 어떤 면에서는 청소년 사역자나 교사보다 더 많은 영향을 미친다. 먼저 함께하는 시간부터 차이가 있다. 청소년과 함께하는 시간은 부서보다 부모님이 압도적으로 많다. 레지 조이너는 이 시간의 차이를 조사했다. 청소년이 1년 동안 부서에서 보내는 시간은 40시간인 데 비해 부모님과 함께 보내는 시간은 3,000

시간이었다.[12] 청소년 사역에서 부모님과의 동역이 부재하면 많은 부분을 잃는다. 그래서 청소년 사역을 위의 40시간에만 제한하기보다 전략적으로 3,000시간에도 눈을 돌려야 한다.

부모님에게도 청소년 사역은 선택이 아니라 필수다

온전한 청소년으로 양육하기 위해 부모님에게도 청소년부의 도움이 필요하다. 청소년의 신앙 형성과 성장을 위해 부모님에게도 지지와 도움이 필요하다. 현장에서 만난 적지 않은 부모님들이 청소년을 양육하는 어려움을 호소했다. 어떤 부모님은 할 수만 있다면 "다시 배 속에 집어넣고 새롭게 시작하고 싶다"고 말하기도 했다. 어려움을 호소하는 내용은 크게 2가지였다.

먼저는 관계의 어려움이었다. 자녀가 청소년이 되었을 때 다른 아이가 된 것 같다는 반응이 많았다. 자녀가 어떤 생각을 하는지(때로는 생각은 하고 사는지), 감정 상태가 정상인지, 수면을 위해 태어나지는 않았는지, 게임이나 휴대폰을 하려고 사는 것은 아닌지 헷갈릴 정도로 자녀를 이해하기 힘들다고 했다. 대화라도 시도하면 본인도 모르게 훈계를 하게 되고 결국 감정적인 대립으로 이어진다는 것이다. 결과적으로는 관계의 어려움을 겪는다.

다음은 기준의 혼란이었다. 무한 경쟁 사회에서 자녀를 어떤 기준으로 양육해야 할지 혼란스럽다고 했다. 자녀에게 경쟁을 강조하면 안 되는 것인지, 신앙만을 강조하면 사회에서 뒤처지는 것은 아닌지에 대한 혼란이었다. 부모님을 지지하고 돕는 것이 청소년 사역의 필수요소라고 할 수 있다.

부모님과 동역하라

부모님들과 정기적으로 만나는 자리를 만든다

① 사역 일정 공유하기 협력은 부모님에게 사역 일정에 대해 소통하는 것으로 시작한다. 정기적으로 만날 수 있는 자리를 만들라. 보통 정기적인 만남은 분기별(1년 4회)이나 상·하반기(1년 2회)로 진행한다. 3주 전부터 모임을 공지하고 당일에 모여서 사역 일정을 소통한다. 특히 수련회나 국내외 선교 여행을 앞두고 꼭 부모님과 모임을 가지라. 사역의 목적과 비전, 준비 내용 등을 나누고 부모님의 참여가 필요한 부분이 있다면 공유해야 하기 때문이다. 예를 들어 여름 수련회를 앞두고 모임을 가진다면, 수련회의 주제, 기도제목, 장소(답사해서 찍은 사진을 공유하라), 강사, 프로그램 소개 등을 한다. 그리고 저녁 집회 시간에 부모님을 초청하고자 한다면 이유를 곁들여 나눠도 좋다. 이 모임은 단순히 사역 커리큘럼을 공유하는 것이 아니라 전략을 소개하는 시간이어야 한다. 정보 공유가 아니라 목표 공유이다.[13] 부모들에게 청소년들을 양육하는 전략을 공유하라. 사역 일정 동안에도 진행 사항을 지속적으로 나누라. 시각적으로 볼

수 있도록 현장 사진을 공유하면 좋다. 여름 수련회 일정 중이라면 실황이 담긴 사진을 공유하고 기도제목도 함께 나누기를 권한다.

② 교사와의 만남 부모 모임의 꽃은 담당 교사와의 만남이다. 각 담당 교사들을 소개하고 각 반별로 모이게 한다. 실제로 부모님들 중에 자신의 자녀를 담당하는 교사가 누구인지 모르는 경우도 많다. 이 모임을 통해서 교사의 존재와 수고를 알게 된다. 가능하면 소그룹(반)별로 나눠서 모임을 가지라. 담당 교사와 부모님들은 각자의 고민을 나누고 청소년들의 상황, 기도제목을 공유하고 함께 기도한다. 이런 과정은 청소년 사역을 조금 더 입체적으로 만들게 한다.

부모님과 함께할 수 있는 것이 무엇인지 찾는다

먼저 부모님과 동역하기 위해서 새로운 프로그램을 개발하기보다 이미 하고 있는 사역에 부모님을 초대하는 방법이 있다. 매년 하는 사역을 검토해 보면 부모님과 함께할 프로그램들이 보인다. 한 예로 필자가 섬기는 교회에서는 매년 한 번씩 주일학교별로 본당에서 예배드린다. 만약 청소년부가 순번이면 그날은 청소년부 예배를 따로 드리지 않고 본당에서 어른들과 함께 예배드리는 것이다. 이 날은 청소년들과 교사들이 특송을 한다. 이어서 교회 전체 회중이 청소년들을 위해 축복하고 기도하는 시간을 갖는다. 이름하여 '청소년부 VIP 데이'이다.

한 교사가 이날의 특송을 부모님들도 함께 부르자고 제안했다. 그리고 미리 선물을 준비하도록 해서 특송을 마치면 바로 자녀들에게 전달하자는 아이디어였다. 이 아이디어가 실천으로 이어졌다. 우선 선곡을 〈그가 다스리는 그의 나라에서〉로 정했다. 이 CCM은 특징이 있다. 자녀가 묻고 부모가 답하는 형식으로 이뤄져 있다. 자녀가 "하나님 나라는 어떤 곳인가요?"라고 묻고, 부모가 "하나님 나라는 이곳이란다"라고 화답하며 노래한다. 부모님들에겐 미리 선물을 2개 준비해 달라고 부탁했다. 하나는 본인의 자녀에게 주는 선물이다. 다른 하나는 부모님이 교회를 다니지 않는 학생에게 주는 선물이었다(혹시 선물이 모자랄 가능성을 염두에 두고 교사들도 선물을 준비했다). 청소년부 VIP 데이를 앞두고 청소년들과 교사 그리고 부모님들이 함께 특송을 연습했다. 당일에 특송을 마친 직후 부모님들이 미리 준비한 선물을 자녀들과 청소년들에게 전달했다. 예상치 못한 깜짝 선물을 받은 청소년 자녀들은 감동했다. 집에서 혼자 교회를 다니는 청소년들도 선물을 받아 들고 큰 격려를 받았다. 이날 가장 감동했던 주인공은 바로 부모님들이었다. 본인의 청소년 자녀만이 아니라 또래 청소년 자녀들을 축복할 수 있었기 때문이다.

부모님들이 함께하는 장을 마련하는 것은 아주 중요하다. 함께하려는 마음으로 찾는다면 의외로 가까운 곳에서 찾을 수 있다. 수련회 집회 시간이나 기도회에 부모님을 초대할 수 있다. 이 기회를 통해 부모님 본인의 자녀만이 아니라 또래 청소년 자녀들을 위해

1. 부모님께 들은 자녀의 문제는 비밀로 유지하라

사역에서 흔하게 일어나지만 치명적인 실수는 부모님에게 들었던 자녀 문제의 비밀이 새어 나가는 것이다. 누설하려는 의도는 없었지만 부지중에라도 누설이 되면 부모님과의 신뢰가 깨진다. 이런 일은 사역자나 교사가 누군가에게 그 자녀를 위한 기도를 부탁하면서 흔히 발생된다.

2. 청소년에게 심각한 문제가 발견될 때 부모님과 소통하는 것을 두려워 말라

청소년 사역을 하다 보면 청소년에게 심각한 문제를 발견할 수 있다. 예를 들어 자해나 해로운 약물 복용 등이 있다. 부모님이 알게 되면 충격받을 모습이 예상되어 말하기를 꺼리게 된다. 이때 사역자와 교사가 할 수 있는 최악의 선택은 혼자 책임지고 해결하려 하는 것이다. 부모님이 알게 됐을 때 자녀에게 가해가 가해질 상황이 아니라면, 부모님과 소통하고 지속적으로 모니터링하라. 무엇보다 부모님과 함께 전문가의 도움을 받게 하는 것이 좋다. 원인이 가정이라면 가정이 함께 전문가의 도움을 받도록 해야 한다.

기도할 수 있다. 체육대회나 야외 예배에도 초대할 수 있다. 더 나아가 국내외 선교 여행을 부모님과 함께 갈 수 있다. 시간을 투자하는 일 외에 소소하게 재정으로 참여하는 장을 마련하는 것도 좋다. 예를 들어 매주 훈련하는 과정이 있다면 부모님들께 간식 담당을 자원받는 것도 동역의 시작이 된다. 이외에도 부모님과 동역하고자 하는 마음으로 찾는다면 발견할 수 있을 것이다. 중요한 것은 마음이다. 사역 일정을 기획하거나 진행할 때 늘 부모님의 상황을 염두에 두고 진행하기를 권한다.

부모님과 함께 드리는 예배

부모님과 함께 드리는 예배를 시작하라. 청소년부 예배에 부모님을 초대하는 것이다. 매주 하면 서로에게 부담이 될 수 있다. 가끔씩 실행해 보라. 분기별(1년 4회)이나 상·하반기(1년 2회)로 시도하는 것도 좋다. 청소년들과 부모님들이 함께 예배드리면서 영적인 친밀감을 경험할 수 있다. 서로는 각자 떨어져 있는 섬이 아니라 모두가 하나님을 예배하는 공동체임을 느낄 수 있다.

부모님 오신 날

부모님을 일일 교사로 세우라. 서로가 공동체성을 피부로 느끼는 기회가 될 수 있다. 필자 개인적으로는 부모님이 오셔서 1일 교사로 섬겨 주신 경험이 아주 인상 깊다. 일명 '부모님 오신 날'이다. 10명 정도의 부모님을 미리 섭외한다. 청소년 예배에서 부모님들과 함께 예배를 드린 후에 선택 특강 강사로 모셨다. 주제는 '직업의 세계'였다. 미술 학원을 운영하시는 분은 '그림을 잘 그리는 방법', 플로리스트이신 분은 '꽃꽂이 잘하는 방법', 학교 사서 선생님은 '책을 잘 읽는 방법', 회사원이신 분은 '사람들과 관계를 잘 맺는 방법', 주부이신 분은 '집안일 잘하는 방법'을 준비해 오셨다.

과정은 이렇다. 부모님들이 차례로 앞으로 나와서 자신이 준비한 특강을 홍보한다. 이어서 학생들에게 선착순으로 지원을 받는다(특강마다 인원이 고루 분배되도록 한다). 학생들이 흩어지면 부모님 선택 특

TIP 부모님과 함께 드리는 예배의 3요소

1. 함께하는 공간

단순히 청소년들이 예배드리는 것을 참관하는 정도가 아니다. 부모님들도 예배의 각 순서에 동참한다. 대표기도를 한 가족이 나와서 한 문단씩 맡아서 할 수 있다. 특송도 한 가족이나 여러 가족이 나와 연합 특송을 할 수 있다. 안내, 성경봉독, 봉헌위원, 레크리에이션 진행 등의 순서에 부모님이 함께하게 한다.

2. 함께 나누는 메시지

학생과 교사 그리고 부모님 각각 한 명씩 나와서 '나를 만나 주신 하나님'에 대해서 나누는 시간을 마련한다. 일상이나 예배, 기도, 큐티 시간을 통해 만나 주신 하나님을 소개하는 시간이다(말하는 형식은 자유다). 서로 다른 스토리가 한 분 하나님을 비춘다. 모인 청중은 하나 됨을 누린다. 이날의 설교는 공동체에 초점을 맞춘다. 예배 후에도 레크리에이션이나 공동 활동, 공동체에 대한 특강 시간을 가지는 것도 좋다.

3. 함께 먹는 시간

함께 음식을 먹으면서 대화를 하는 시간이다. 가족끼리 모이는 것이 아니라 조별로 다양하게 모여 함께 도시락을 먹으며 대화한다. 장소와 예산이 여의치 않으면 빵과 음료를 준비해서 애찬식 형식으로 진행해도 좋다.

강이 진행된다. 특강이었지만 이론 강의 형식은 아니었다. 본인의 삶에서 나오는 경험담과 노하우를 나누는 시간이었다. 청소년들은 색다른 스토리에 빠졌다. 이날 특강 시간에 필요한 준비물은 청소년부에서 준비한다. '부모님 오신 날'을 통해서 부모님들은 교사들의 마음을 알게 된다. 본인의 특강을 수강하는 청소년들의 얼굴을 익히고 친교를 나누는 기회가 된다.

부모님과 부모님이 함께 만나게 하라

부모 리더팀 세우기

부모님이 부모님들에게 사역하게 하는 것은 청소년 사역에 있어 아주 효과적인 일이다.[14] 경험상 부모님들이 서로를 섬기도록 하는 것이 참여도나 관심도에 영향력이 있었다. 부모님 리더들로 인해 소통 창구가 활발해질 수 있었다. 리더인 부모님들은 일반 부모님 그룹에 청소년부 사역을 공유해 주고, 청소년부에는 부모님들의 의견과 아이디어를 수렴해 주는 역할을 했다. 더불어 청소년 사역을 격려하는 서포터즈 역할에 앞장서 주셨다. 예를 들어 스승의 주일에 부모님 리더 팀이 몇몇 부모님들과 함께 감사의 뜻으로 청소년부 예배 장소에 방문해 주셨다. 교사에게 특별한 일이 있으면 축하해 주셨다.

그렇다면 부모님 리더팀은 어떻게 결성하면 좋을까? 가장 현실적인 방법은 학생 리더팀의 부모님들이 리더의 역할을 하는 것이다. 이것이 청소년부와 부모님들에게 가장 명분이 있다. 이것이 여의치 않다면 교역자와 교사가 발굴한다. 여러 부모님들을 만나면서 추천을 받거나 본이 될 부모님을 찾는 것이다.

부모 기도회 세우기

정기적으로 부모님들이 모여 기도할 수 있는 시간을 마련하라.

TIP 부모님과 함께 성장하기 위한 추천 도서

1. 이기복, 《성경적 부모교실》

그리스도인 부모님이 성경의 정신을 바탕으로 자녀들을 보게 하고 성경의 원리에 따라 양육할 수 있도록 돕는다. 율법과 세상의 법이 아니라 성경과 하나님 은혜의 법으로 무장하게 한다.

2. 오선화, 《아이가 방문을 닫기 시작했습니다》

청소년 부모라면 누구나 공감할 만한 내용을 다룬다. 각 내용은 질문에 답하는 형식이다. 질문도 실제적이지만 답변도 그에 못지않다. 저자에게 직접 상담받는 느낌을 준다.

3. 박상진, 《기독 학부모 교실》

성경적 자녀 교육에 대한 기준을 제시해 주는 책이다. 기독교 세계관을 바탕으로 교육을 성찰하고 접근하게 한다. 그리스도인 학부모에 대한 정체성과 교육을 본질을 보게 한다.

학부모 기도회는 초반부터 잘 되지 않을 수 있다. 길게 보는 안목으로 시작하라. 장기간을 내다보고 자연스럽게 문화로 자리 잡을 수 있게 도전해 보기를 권한다. 이 기도회의 키워드는 3가지다. 부모님 개인 기도제목, 자녀를 위한 기도제목, 청소년 사역을 위한 기도제목이다. 새로울 것도 없지만 실제로 함께 기도하면 다르다. 모두들 기도회에 오기 전까지는 개인과 자녀와 사역에 관한 고민들을 잔뜩 안고 오지만 기도 후에는 모든 것이 간단해진다. "이김은 여호와께 있다"(잠 21:31). 이 단순하지만 확실한 진리를 체험하는 장이 바로 학부모 기도회다.

학부모 기도회는 청소년들을 기도로 지키는 자리다. 기도회 전 미리 청소년들에게 기도제목을 받아서 리스트를 만들라. 그 리스트를 따라 부모님들과 함께 기도하라. 여기서 중요한 것은 매번 새롭게 업데이트를 하라는 것이다. 그 리스트 중에 응답받은 내용이 있다면 부모님들에게 공유하라. 기도의 선순환이 작동할 것이다.

부모가 함께 자라 가게 하라

청소년 부모의 나이는 자녀의 나이와 같다. 사회적인 나이로는 부모님의 나이가 더 많다. 하지만 자녀가 태어나는 날에 부모가 된다는 관점으로는 나이가 같다. 청소년도 자라 가야 하지만 청소년 부모님도 배우며 자라 가야 한다. 부모님과 배울 수 있는 방법은 2가지가 있다. 책 나눔과 세미나다.

먼저 책 나눔을 살펴보자. 시중에 그리스도인 부모를 다루는 훌륭한 책들이 나와 있다. 정기적으로 모여서 한 챕터씩 읽고 나누는 방법이 있다. 효율적인 나눔을 위해 부모님들이 각 챕터를 나눠서 요약하고 발표하게 할 수 있다. 다음은 세미나다. 청소년 부모로서 고민할 수 있는 실질적인 주제를 다루는 세미나를 여는 방법이다. 일반적으로는 '중독'에 관한 관심이 뜨겁다. 미디어 중독, 포르노 중독, 게임 중독 등등이다. 이외에도 더 실제적이고 유익한

세미나를 위해서 부모님들을 대상으로 '꼭 듣고 싶은 주제'에 관한
설문조사를 하는 것도 방법이다.

교회가 청소년의 확대 가족이 되게 하라

교회가 청소년들을 만나게 하라

청소년 멘토링에 도전하라

넓게 보면 교회도 가정이다. 하나님 아버지를 둔 자녀들의 모임
이 교회이기 때문이다. 다른 말로 교회는 확대된 가족이다.[15] 하지
만 보통 청소년들은 핵가족일 때가 많다. 교회 내에서 존재감이 그
리 크지 않다. 이것은 청소년에 대한 오해에서 비롯하기도 제공하
기도 한다. 청소년들은 말이 안 통하고, 종잡을 수가 없고, 다가가
기에 부담스러운 존재로 알려져 있다. 겉으로 보면 틀린 말도 아
니지만 관계 속으로 들어가면 전혀 그렇지 않다는 것을 알게 된다.
믿음을 다해 청소년들을 세워 가는 사역을 교회 성도들에도 열어
두라. 이 만남을 청소년 멘토링으로 이루어 보자. 거창하게 생각하
지 않아도 된다. 성도들에게는 섬길 수 있는 자리를 내어 주고, 청
소년들에게는 믿음의 선배를 만나게 하는 것이다.

청소년 멘토링의 종류는 크게 3가지이다. 학습 멘토링, 직업 멘토링, 신앙 멘토링이다. 각 멘토링은 일대일이든 소그룹이든 좋다. 멘토가 청소년들에게 자신의 스토리를 들려주는 것이다. 어떤 주제에 대해 경험담, 즉 성공담이나 실패담을 들려준다. 자신만의 노하우를 전수하는 방식이다. 학습 멘토링은 학과 공부만이 아니라 악기나 미술 등의 테크닉도 포함된다. 직업 멘토링은 청소년이 관심을 가지고 있는 직업을 가져 봤거나 가지고 있는 분과 연결한다. 신앙 멘토링은 신앙적 회의나 슬럼프를 겪는 청소년과 비슷한 경험을 했던 성도와 연결할 수 있다. 믿음으로 살기 위해 몸부림치는 선배를 연결하는 것이다. 이외에도 청소년들의 다양한 상황과 필요에 따라 정할 수 있다. 예를 들어 한 청소년이 게임 중독 증세를 보인다면 비슷한 과정을 거친 선배와 연결할 수 있다. 학생들의 필요를 점검해 보고 교회의 성도들과 연결하라.

청소년 멘토링에 도전하기 위해 염두에 두어야 할 것을 3가지로 정리할 수 있다. 첫째, 작은 성공으로 시작한다. 초반부터 대대적인 이벤트로 접근하면 십중팔구 일회성으로 끝날 것이다. 의미 있는 큰 실패보다 소소한 작은 성공이 더 낫다. 검증된 멘토를 찾아 원칙을 세운 다음 필요한 청소년과 연결해서 성공 사례를 만들라. 이 멤버가 좋은 영향을 끼치는 운동원이 될 수 있다. 둘째, 청소년과 멘토가 동성(同性)이어야 한다. 이성 간의 멘토링도 여러 유익이 있다. 하지만 감정적인 문제가 생길 수 있다. 이성보다는 동성 간에 멘토링을 이어 주는 것이 비교적 안정적이다.[16] 셋째, 프로그램 가운데 하나가 아니라 교회에 대한 철학에서 시작한다. 청소년 멘토링은 청소년을 위한 하나의 코칭 프로그램으로 접근하면 안 된다. 교회는 확대 가족이며 교회 전체가 청소년들을 돌본다는 철학으로 대해야 한다.

성도들이 청소년들을 집으로 초대하게 한다

일반적으로 교회 성도들이 청소년들을 만날 기회는 거의 없다. 교회에서 스쳐 지나갈 뿐이다. 하지만 청소년들이 다른 성도들을 아는 것은 교회에 정착하는 것과 관계있다. 통계적으로 청소년들이 교회 안에 아는 어른이 많을수록 계속 교회에 남을 확률이 높다.[17] 다양한 성도들과의 만남으로 청소년이 딛고 설 수 있는 지면을 넓혀 주는 것이다. 성도들에게 청소년을 섬기는 식사 신청을 받을 수 있다. 더 좋은 것은 성도들과 청소년들이 서로를 섬기는 일로 만나게 하는 것이다. 필자는 성탄절 저녁송(Night Song)을 활용했다. 성탄절이 오기 전에 성도들에게 저녁송을 홍보했다. 청소년들을 초대해 주시면 팀을 이뤄서 주님의 탄생을 축하하는 노래와 함께 방문하겠다고 말이다. 준비물은 방문하는 청소년들을 위해 간단한 다과와 요양병원에 전달할 수 있는 간식이라고 말한다. 신청을 받는다. 서로 시간 약속을 잡고 성탄 축하 노래와 함께 각 가정을 방문한다. 서로 식탁에 둘러 앉아 각자를 소개한다. 교제를 나누고 다음 집으로 갈 때 성도님들은 청소년들에게 이렇게 인사를 한다. "다음에 교회에서 보면 꼭 아는 척하자!" 이 시간으로 확대된 가족 됨을 누린다. 청소년들은 여러 가정에서 만난 어른들과 교제를 나누고 요양 병원에 전달할 간식 꾸러미를 받는다. 저녁송을 마무리하고 교회로 모여 받아온 간식 꾸러미를 정리한다. 다음날 성탄 예배를 마치고 요양 병원을 방문해서 준비한 간식 선물을 전달한다.

한 구역이 청소년들을 섬길 수 있다

청소년들은 청소년 사역을 넘어 교회 전체 생활에 통합되어야한다.[18] 그 방법 중에 하나가 구역(목장)과 짝을 지어 주는 시스템이다. 담임 목사님과 목장 담당 교역자에게 소통해서 짝을 이뤄 보라. 매칭된 구역은 청소년들을 지원한다(가능하면 그 구역은 청소년부 교사나 부모님이 소속된 목장이면 좋다). 청소년부의 기도제목을 정기적으로 그 구역에 전달한다. 구역 예배를 활용해서 청소년들을 위해서 기도한다. 그리고 청소년부에 목장의 도움이 필요할 때 함께한다. 청소년부 초청 행사가 있을 때 손님으로 초대하기도 하고, 수련회나 캠프 때는 식사 당번 지원도 가능하다. 한 구역과 자매결연을 맺어서 사역하는 것도 교회가 청소년들을 만나게 하는 방법이다.

직분자들이 청소년을 만나게 한다

교회 직분자들과 연결시키는 것도 교회를 경험하게 하는 방법이다. 크게는 당회, 안수집사회, 권사회, 남전도회, 여전도회가 있다. 청소년부 내에서 중요한 행사가 있을 때 직분자들을 초청하는 것도 좋다. 예를 들어 찬양대회나 암송대회, 또는 성경 퀴즈대회가 있을 때 직분자들을 초대해서 중요한 일을 부탁하는 것이다. 심사위원이나 평가위원을 맡길 수 있다. 그것만으로도 직분자들이 청소년들을 가깝게 느끼는 기회가 된다.

청소년들이 교회를 만나게 하라

청소년도 멘토가 될 수 있다

청소년도 멘토가 될 수 있다. 고등학생은 초등학생과 중학생을 멘토링할 수 있다. 중학생은 초등학교 저학년을 멘토링할 수 있다. 주로 학습 멘토링이다. 학업의 선배로서 나름의 경험담과 노하우를 전수할 수 있다. 도전해 보라. 가능하다!

주일학교 섬기기

청소년도 주일학교 보조교사로 섬길 수 있다. 섬김으로 교회는 확대된 가족이라는 것을 경험하게 된다. 어린아이들을 섬기는 일을 통해 자신도 교회의 한 부분을 맡고 있다는 사명감을 심어 준다. 청소년들도 주일학교를 섬길 수 있도록 장려해 보자. 그러나 원칙은 필요하다. 우선순위를 잘 세워야 한다. 청소년부 예배와 주일학교 봉사가 겹치면 청소년 예배가 우선이다. 원칙이 정확하지 않으면 충돌이 있을 수 있다. 이것을 위해 주일학교 담당 사역자와의 긴밀한 소통이 필요하다. 청소년부의 일로 봉사에 피해가 가지 않도록 말이다. 청소년들이 결정적인 역할(반 담당 교사)이 아닌 유연한 역할(보조 교사)로 섬길 수 있도록 봉사의 비중을 미리 조정할 필요가 있다.

교회 와서 놀자

청소년들이 교회라는 공간을 경험하게 하라. 청소년들에게는 놀이 공간이 마땅치 않다. 대체로 노래방, PC방이 전부다. 청소년들에게 공간이 필요하다. 조건 없이 환대받을 수 있는 공간, 안심하고 시간을 보낼 수 있는 공간이 필요하다. 교회가 그 공간이 되게 해야 한다. 교회가 예배의 공간인 동시에 놀이의 공간이 되도록 해서 교회를 더 친밀하게 느낄 수 있도록 도울 수 있다. 이를 위해 '교회 와서 놀자' 프로젝트를 진행했다. 형식은 다양했다. 시험 기간이 끝난 주말 저녁에 교회에 모인다. 간단하게 식사를 하고 노는 시간을 갖는다. 형식은 다양했다. 영화 보기와 같은 정적인 활동부터 술래잡기와 같은 동적인 활동들이 있었다. 술래잡기는 교회의 모든 조명을 끄고 진행했다. 술래들에게 야광 팔찌를 학생들 수만큼 쥐어 준다. 잡힌 아이들에게 야광 팔찌를 채운다. 모든 학생이 다 잡힐 때까지 하는 전형적인 술래잡기이다. 단순하지만 교회와 교회 주위라는 공간에서 청소년부 학생들과 함께 뛰어노는 경험이 신선함을 가져다준다. 활동적인 놀이가 어려운 교회 환경이라면 정적인 활동도 가능하다. 시험 기간에 모여 공부할 공간을 제공하는 것도 방법이다.

파자마 파티

청소년부의 범위를 좁혀서 학년별 또는 성별로 나눠서 친교를 할 수 있도록 공간을 제공하는 것도 좋다. 조금 더 소수로 모여서 집중적으로 교제를 나눌 수 있다는 것이 장점이다. 만약 학년별로 파자마 파티를 한다면, 각 학년 선생님들이 한 팀이 되어 준비한다. 먼저 각 학년 학생들과 무엇을 하면서 친교를 나눌지 의논한다. 당일에 모여서 함께 식사하고 계획한 순서에 따라 진행한다. 교회 상황이 허락한다면 공간을 나눠 취침한다.

성별로 파자마 파티를 한다면, 한 주는 남학생들만 모이고 다음 주는 여학생들만 모인다. 모이기 전에 각 성별로 하고 싶은 것을 설문한다. 남학생이 모이는 날은 남자 선생님이 함께하고 반대의 경우에는 여자 선생님이 함께한다. 이때는 청소년부 전체가 모이는 것보다는 역동적이지 않다. 하지만 옹기종기 모여 진심 어린 대화를 할 수 있고 소소한 그룹 게임을 할 수 있다.

교회 전체 행사에 적극 참여하기

교회 전체에 행사가 있다면 청소년을 제외하지 마라. 청소년들도 적극적으로 참여시키라. 예를 들어 교회에서 대청소를 한다면 청소년들도 동참시켜야 한다. 교회의 크고 작은 행사에 적극 참여하도록 권면해야 한다. 이것 또한 교회와 연결되게 하는 기회다.

청소년과 함께 비전을 세우라

청소년 부서의 비전을 정할 때도 청소년들과 함께할 수 있다. 한 해의 비전을 교사와 청소년, 부모님이 함께 정하는 것이다. 공동체의 비전은 중요하다. 목표를 선명하게 하고 동기를 부여한다. 비전에 따른 참신한 전략도 가져다준다. 그러나 비전을 소수의 사람만 정한다면 다수의 사람들은 무관심해진다. 결국 공동체에서 그 비전은 목표도 흐리고 동기부여도 해주지 못하며 전략을 가져다주지 못한다. 비전을 정하는 사명에 청소년들도 초대하라. 부모님도 초청하라.

이 과정은 다음과 같다. 비전을 세우는 주일, 즉 '비전 데이' 날짜를 정하라. 날짜는 학생 리더와 부모 리더가 선출된 후가 낫다. 그리고 새해가 시작되기 전인 연말이 좋다. 날짜가 정해지면 몇 주전부터 비전 데이를 놓고 기도를 시작한다. 청소년 공동체의 비전을 주시도록 말이다. 비전 데이 당일은 정면에 화이트보드를 설치한다. 모인 학생들과 교사 그리고 부모님들에게 포스트잇을 나눠 준다. 각자가 필요하다고 여기는 것을 그 종이에 써넣는다(중복 기입 가능). 다 쓴 종이를 모은다. 이 종이를 화이트보드에 주제별로 나누어 붙인다. 그중에서 가장 많이 나온 주제가 비전이 된다. 예를 들어 '공동체'라는 주제가 선정된다면 반별로 모여서 '공동체'라는 비전의 전략을 논의한다. 현재 청소년부가 '공동체'의 면에서 어떤 점이 부족한지, 어떤 부분을 보완해야 할지, 어떻게 하면 건강한 '공동체'를 세울 수 있을지를 논의하는 것이다. 이 시간이 끝나면 반별로 나와서 다루었던 내용을 발표한다. 이후에 할 일이 2가지 있다. 먼저 비전에 대한 슬로건을 정하는 것이다. 이것은 청소년부 전체를 대상으로 공모전을 열어도 좋다. 그다음은 전략에 따른 구체적인 실천 방안을 만드는 일이다. 이것이 나와야 한 해 동안의 프로그램을 통해 도전할 수 있다. 그리고 교사와 학생 리더, 학부모 리더팀이 따로 모여서 정하고 전체와 공유한다. 이런 과정을 통해 소수의 비전이 아니라 모두의 비전이 되게 만든다.

갈등을 통과하기 위한 리더의 원칙

리더라면 크고 작은 분쟁을 만나게 된다. 사람과 사람 사이에는 언제나 갈등이 잠재하기 때문이다. 리더는 때론 갈등을 일으키는 장본인이기도 하고, 갈등 해결을 도와야 하는 중재자이기도 하다. 리더의 대처에 따라 갈등의 결과는 달라진다. 긍정적으로 분쟁을 대하는 기술과 원칙에 대해서 알아보자.

당사자 모두의 말을 직접 들으라

먼저 갈등 중인 당사자의 말을 경청하라. 만약 두 사람이 갈등 중이라면, 두 사람의 말을 다 듣기 전에 판단하지 마라. 각각의 사람들을 개별로 만나 상황에 대한 내용과 원인을 살핀다. 이때 한 사람이나 소수의 말을 듣고 판단하거나 주관적인 감정을 전달하면 갈등을 더 악화시킬수 있다. 각각 주관적인 판단과 감정을 배제하고 먼저 경청하라.

직접 만나서 소통하라

갈등이 발생했을 때 대면하기를 두려워하지 마라. 문자 메시지나 이메일 같은 텍스트로 소통하는 것은 오해의 여지를 많이 남긴다. 텍스트는 해석을 해야 하기 때문이다. 본인은 다른 의도로 텍스트를 작성했지만 받는 사람은 반대로 해석할 수 있다. 어려운 갈등일수록 직접 만나서 소통하라.

양쪽 모두에게 미움 받을 각오를 하라

리더는 모든 사람에게 좋은 사람이 될 수 없다. 때론 미움의 대상이 되기도 하고 비난을 받기도 한다. 이 상황은 리더에게 아주 고통스러운 순간이다. 그래서 할 수 있으면 갈등을 피하려 하거나 양쪽 모두에게 좋은 사람으로 남고 싶어진다. 이것은 갈등을 해소하기보다 도리어 확대시키는 원인이 되기도 한다. 갈등 상황에서 좋은 사람이 되려 하기보다 필요한 사람이 되려고 애쓰라. 리더 본인에게 유쾌하지 않아도 서로에게 사실을 말해야 한다면 객관적인 사실을 말하자. 양쪽 모두에게 미움받을 각오를 하라.

'잘못했다'는 말을 두려워하지 마라
갈등의 당사자, 중재자 상관없이 '미안하다'는 말은 필요하다. 언제든지 자신의 말과 행동으로 상대에게 상처를 입힐 수 있기 때문이다. 본인의 잘못과 약함을 인정하는 것을 두려워하지 마라. 진심으로 전하는 '잘못했다'는 말이 갈등을 푸는 시작이 되기도 한다.

서로가 함께 약속을 정하라
갈등의 재발 방지를 위해서 약속을 정하라. 함께 갈등의 원인을 파악하고 같은 일이 반복되지 않도록 지켜야 할 약속을 정하라. 더불어 그 갈등에 관해 퍼진 소문과 다른 사람들의 이야기에 휘둘리지 않겠다는 약속이 필요하다. 이후로 리더는 꾸준한 사후 관리를 이어 가야 한다.

복음 전파를 위한
사역의 핵심

File 1

청소년 전도는 가능하다

청소년 전도는 가까운 곳에 있다

청소년 마태 파티

신약 성경에 나오는 마태 파티를 소개한다(마 9:9-13). 예수님이 세관을 지나시다가 그곳에 앉아 있는 마태를 부르셨다. '나를 따르라'고 말이다. 주님의 부름을 받은 마태가 가장 먼저 한 일은 예수님을 자신의 집으로 초대해서 식사를 대접하는 일이었다. 그 파티에 예수님만 계신 것이 아니었다. 마태의 친구들도 함께했다. 마태 자신처럼 예수님이 필요한 세리 친구들을 초청해서 복음 파티를 연 것이다. 이 마태 파티는 전도의 3가지 원리를 보여 준다.

① 전도는 가까운 곳에 있다 마태는 가까운 친구들에게 예수님을 소개했다. 마태의 직업은 세리였다. 그와 가장 가까이에 있던 사람들 또한 세리였을 것이다. 그래서 마태의 초대 대상은 세리들이었다. 우리의 가장 가까운 곳에 있는 사람들은 늘 복음이 필요한 전도 대

상이다. 청소년에게 이 사실을 자주 깨우쳐 줄 필요가 있다.

② **전도는 일상이다** 마태가 사람들을 초대한 장소는 그의 집이었다. 이 점은 여러 해석이 가능하다. 기본적으로 집은 서로에게 편한 장소이며 서로의 경계를 허무는 장소다. 청소년부에서 전도를 하나의 행사로 여기기 쉽다. 1년의 행사 중 한 부분을 차지한다고 생각하는 것이다. 전도축제나 친구 초청 주일 등등의 이름으로 말이다. 이것도 무시할 수 없다. 집중적이고 효율적으로 청소년들에 동기부여를 하고 친구들을 초청할 수 있기 때문이다. 하지만 이것만으로는 부족하다. 이 행사는 서로가 편하지 않다. 경계를 허물기보다는 일을 해내야 한다는 부담으로 서로에게 피로감을 줄 수 있다. 행사로만 마친다면 일을 해냈다는 자기만족으로 그치기 쉽다. 전도를 일상으로 확대해야 한다. 청소년부 내에서 기존에 하는 프로그램에 전도를 접목하는 것도 방법이다.

③ **전도는 먹이는 것에서 시작된다** 마태는 함께 식사했다. 기독교 신앙에는 '식탁 영성'이라는 전통이 있다. 유월절과 안식일 식사에서 주님의 만찬, 하늘에서 열리는 주님과의 혼인 잔치에서도 공동체의 식사가 일관되게 흐른다.[19] 전도는 먹이는 것에서 시작된다. 청소년 전도는 식탁과 떨어질 수 없다. 청소년부의 식탁으로 초대해서 서로의 경계를 허물고 자연스럽게 예수 그리스도를 소개하라.

교회 행사를 활용하여 전도하라

새로운 프로그램을 만들기 전에

전도 프로그램을 새롭게 개발하는 것도 좋다. 더 좋은 것은 기존에 기획된 프로그램에 전도를 접목하는 것이다. 서로가 힘을 뺄 수 있고, 공동체와 예수 그리스도를 자연스럽게 소개할 수 있다. 필자의 경험을 바탕으로 적용 가능한 예들을 소개할 것이다. 각 프로그램에는 공통점이 있다. 청소년들이 자신과 가까운 친구들을 데려와서 진행한다는 점이다.

체육대회 전도

체육대회는 전도를 위한 최적의 환경을 제공한다. 교회로 진입하는 문턱을 낮춘다. 서로 몸을 부딪치며 마음의 경계를 허물고 친밀하게 한다. 체육대회를 앞두고 청소년들로 주변의 친구들을 데려오도록 독려한다. 체육대회 전도에서 중요한 포인트는 설교다. 보통 체육대회 설교라고 해서 대충 하려는 유혹을 받는다. 하지만 그때가 가장 중요하다. 설교 시간이 5분이라면 메시지 준비에 온 진액을 쏟으라. 그 짧은 순간이 새 친구를 전도하기 위한 골든타임이다. 짧지만 핵심 메시지를 심플하게 잡고 적절한 유머를 가미해 보라. 복음에 마음을 여는 데 큰 역할을 할 것이다. 식사는 따로 재료를 준비해서 다같이 만들어 먹는 방법도 있다. 양푼 비빔밥이나 김밥 메뉴로 말이다. 재정상 가능하다면 미리 이동식 밥차를 섭외하는 것도 방법이다. 밥차는 영화나 드라마 촬영 현장에서 배우들이 이용한다는 이미지가 있어 분위기를 고조시키기에 가성비가 좋다. 체육대회가 끝나고 새로 온 친구와 따로 시간 약속을 잡아 관계를 쌓고 예수님을 소개하는 과정을 거친다.

청소년 영화제 전도

필자는 기존에 청소년부에서 영화 설교를 지속적으로 해왔다. 매주 마지막 주일에 영화 설교를 했는데, 이것을 조금 각색해서 새 친구들과 함께하는 영화제 컨셉을 만들었다. 교회 초청장을 영화 포스터 형식으로 만들고, 영화관 티켓을 만들어서 함께 전달했다. 전도축제 당일에는 예배실 내부를 영화관처럼 꾸몄다. 거창하지 않다. 암막 커튼을 달아서 햇빛을 차단하고 별도의 앰프 시설을 빌려서 설치했을 뿐인데 분위기가 났다. 그날에는 드레스코드를 정해서 모두에게 축제 분위기를 풍기도록 했다. 예를 들어 그날의 드레스코드를 "빨강"이라고 정한다면, 몸에 걸친 것 중 하나는 빨간색이어야 입장이 가능하다. 입구에는 미리 빌린 팝콘 기계와 슬러시 기계를 두었다. 학생들은 예배실에 들어가기 전에 정장 차림의 교사들에게 드레스코드와 초청표를 보여 준다(없는 사람은 현장에서 발급한다). 학생들은 팝콘과 음료를 들고 예배실에 들어간다. 예배실 안에서는 영화 설교 형식으로 복음을 전한다. 평소에 영화 설교를 하지 않더라도 전도 행사에 이 형식을 활용하면 좋을 듯하다.

요리 경연대회 전도

예배를 마치고 요리 경연대회를 할 때 자연스럽게 새친구들을 초대해도 좋다. 3주 전에 미리 반별로 큰 카테고리를 나눈다. 제비뽑기를 통해 어떤 반은 국 종류, 어떤 반은 밥 종류, 또 다른 반은 반찬 종류, 간식 종류를 선택하게 한다. 큰 종류를 미리 나누지 않으면 모든 반이 의도치 않게 찌개류로 대동단결하는 불상사가 일어난다. 큰 종류만 나누고 세부적인 메뉴는 반별로 정한다. 이때 핵심 포인트는 새친구가 있는 반에는 약간의 특혜를 주는 것이다. 게임 아이템처럼 요리를 더 잘할 수 있도록 돕는 주방 기구나 마법의 조미료를 주는 것이다. 소소하지만 새친구로서 존재감을 줄 수 있다. 요리를 마치면 심사 후 한 테이블에 놓고 뷔페식으로 놓고 떠서 먹는 시간이다. 예산이나 시간이 여의치 않다면 각 반의 메뉴를 라면으로 통일할 수 있다. 이때 레크리에이션과 접목하면 좋은 분위기를 낼 수 있다. 반별로 게임이나 퀴즈를 통해 첨가물을 얻게 하는 방법이다. 잘하는 반은 계란과 햄과 소시지 그리고 만두와 같은 추가 재료가 들어간 라면을, 못하는 반은 오리지널 라면을 즐기게 되는 것이다. 여기서도 새친구가 온 반에 따로 특혜를 주는 것도 좋다. 새친구가 넣고 싶은 재료를 선택할 수 있게 하는 것이다. 기존 학생들의 불만이 없도록 경연대회를 몇 주 앞두고 새친구에게 특혜가 있다고 광고해야 한다. 그러면 불만도 예방하고 새친구를 더 초청하고 싶은 동기를 부여할 수 있다.

새가족을 위한 컬래버레이션

새친구반은 교회의 모델하우스다

새친구가 오면 약 4주간의 만남 기간이 있다. 그 기간이 끝나면 각 반으로 소속되게 한다. 새친구를 맞이하는 팀을 구성할 때 다양하게 구성해 보기를 권한다. 학생 리더, 교사 리더, 학부모 리더로 구성할 수 있다면 최선이다. 새친구반은 교회의 모델하우스이다. 교회에 대한 첫 이미지를 갖게 하고, 교회의 모습이 어떨지 맛보게 하기 때문이다. 다양한 리더의 협력(collaboration)으로 새친구들을 섬길 수 있다. 여기서 포인트는 단순히 사역을 위한 팀으로 엮지 않고 하나의 공동체로 세워야 한다는 점이다. 새친구에게 교회에 대해서 말로 가르치는 것도 유익하지만 직접 교회를 보여 주는 것도 중요하다. 새친구반 안에서 학생 리더, 교사 리더, 학부모, 그리고 새친구들이 삶과 기도제목을 나눈다. 각자 다른 배경의 사람들이 모여 함께 복음을 배울 수 있다. 이 작은 공동체에서 새 친구들이 교회를 볼 수 있다. 청소년부 조직이 팀 체제라면 새친구반 학생 리더는 회장과 총무(또는 부회장), 선교팀장으로 구성하면 된다(팀 체제의 학생리더는 회장 또는 부회장―총무―각 팀장으로 구성되어 있다). 팀 체제가 아니라면 새친구 담당 리더를 따로 선출하는 것도 방법이다. 리더 교사만이 아니라 리더 부모님도 함께하면 좋다.

새친구와 새친구를 만나게 하라

새친구와 새친구를 만나게 할 수 있다. 1년으로 치면 정기적으로 새친구들과 후속 만남을 하는 것이다. 분기별(1년 4회)이나 상·하반기(1년 2회)로 진행한다. 함께 식사하고 자신의 삶의 스토리를 나누는 시간을 마련하기를 권한다. 장소를 교회로 해도 좋다. 하지만 야외로 나가라. 효과 면에서는 장소가 반을 차지하기 때문이다. 가까운 해변이나 자연 휴양림을 방문해도 좋다. 최선은 캠핑 형식이다. 교회 성도들을 대상으로 캠핑용품(텐트, 테이블, 의자, 바비큐 그릴, 화로대 등)을 빌린다. 빌릴 수 없다면 새친구 행사 운영을 위한 예산을 책정해서 구입해도 좋다. 가까운 캠핑장에서 고기를 구워 먹고 간단한 게임을 한다. 분위기가 무르익을 즈음 원으로 둘러 앉아 모임을 가진다. 한가운데는 화로대나 간이 조명이 있고 한쪽에서 음악이 흘러나오도록 세팅한다. 차분한 캠프파이어 느낌이 나도록 말이다. 한명씩 돌아가면서 삶을 나누게 한다. 원활한 나눔을 위해서 질문을 준비해야 한다. 자신의 삶을 돌아보고 소개할 수 있는 질문을 준비하는 것이다. 예를 들어 '내 인생에서 가장 기뻤던 일, 그리고 가장 슬펐던 일이 있다면 말해 보기' 같은 질문이다. 마무리할 때는 사역자나 교사가 복음 제시를 한다. 단순히 복음을 이론적으로 전하는 것이 아니다. 복음을 전하는 사람도 삶을 나누며 자신이 만난 예수님을 전하는 것이다. 이어서 영접 기도의 시간을 갖는다. 장소와 형식은 상황에 따라 유연하게 바꿀 수 있다. 여기서 중요한 것은 서로의 삶을 나누고 복음 앞으로 나아가는 것이다. 자신의 삶을 오픈하지 않으려는 새친구가 있을 수 있다. 그렇더라도 다른 친구들이 나누는 이야기에 충분히 공감할 수 있다. 복음을 자연스럽게 자신을 향한 메시지로 받아들이게 한다.

일상에서 만나는 복음 전도

학교 반경 300미터 전도

청소년에게 학교 앞 전도가 필요할까? 그렇다. 주로 하교 시간에 이뤄지는 학교 앞 전도는 효율 면에서 떨어지지만 꾸준히 한다면 역시 열매가 있다. 학교가 토해 내는 듯 인파를 이루며 나오는 학생들이라도 꾸준히 보면 이름도 알게 되고 관계를 쌓을 수 있기 때문이다. 더 효율적인 전도가 있다면 학교 반경 300미터 안에 있는 학생들을 찾아다니는 것이다. 경험상 수업을 마치고 학교에서 나와서도 학교 주위를 맴도는 학생들은 비교적 일정에 여유가 있고, 마음이 가난한 경우가 많다. 복음이 필요한 한 사람을 만나는 것이 중요하다. 학교 주위를 다니며 학생들을 찾아다니는 것도 전도의 전략이다.

청소년들로 전도를 몸에 새기게 하라

교회에 있는 청소년들이 전도를 경험하게 하라. 전도에 대한 지식을 알려 주는 것만으로는 부족하다. 직접 몸으로 경험하게 하는 것이 중요하다. 현장으로 나와서 전도 훈련을 받고, 복음이 필요한 영혼들을 위해 기도하고, 복음을 직접 전하는 경험은 전도를 몸에 새긴다. 야외에서 공연하는 버스킹이나 선교 여행 등을 통해서도 가능하다. 특별히 선교 여행은 전도를 직접 경험하는 좋은 기회이다. 필자는 개인적으로 청소년 선교를 학교 전도로 기획했다. 현지 학교를 방문해서 청소년들이 준비한 공연을 보여 주고 복음을 전하는 방식이다. 이를 위해서 공연과 현지 언어를 준비하게 했다.

공연은 합창, 악기 연주, 태권도, 검도, 무언극, 워십 댄스, 한국 무용 등이다. 참여하는 청소년은 최소 1개, 최대 3개의 공연 팀에 소속된다. 약 5개월 동안 토요일 저녁을 반납하고 공연 연습과 현지 언어 공부를 했다. 현지 언어로 복음 메시지를 익힐 수 있도록 필기시험까지 준비했다. 공연 연습과 언어 공부보다 우선시한 것은 기도였다. 매번 모여서 시작할 때마다 기도를 1시간 이상 시켰다. 기도제목은 크게 2가지였다. '섬길 영혼을 위한 기도', '복음을 전하는 자신을 위한 기도'였다. 자신이 맡은 공연과 복음 전도를 통해서 그리스도의 사랑이 전달되기를 기도했다.

이 과정은 쉽지 않았다. 5개월 동안 토요일 저녁을 반납하고 복음 전도 준비에만 몰두한다는 것이 청소년들에겐 버거운 일이었을 것이다. 여기저기서 앓는 소리가 나왔다. 어떤 학생은 선교를 보이콧하기도 했다. 어떤 학생은 부모님을 통해 불만을 우회적으로 전했다. 이때 리더마저 흔들리면 아무것도 되지 않는다. 청소년들 사이에서 쌀쌀한 바람이 일기 시작할 때 멤버들은 조용히 리더를 주목한다. 어떻게 처신하는지를 보면서 계속 갈 것인지 말 것인지를 결정한다.

청소년들을 훈련하면서 크게 2가지를 느꼈다. 첫째, 청소년들은 흔들리는 갈대와 같다는 것이다. 크고 작은 말에 끊임없이 흔들리기 쉽다. 둘째, 리더는 바람이라는 것이다. 바람이 불지 않으면 갈대는 흔들려도 제자리를 찾는다. 당시 훈련에 대해 앓는 소리가 나오기 시작할 때, 청소년들에게 강력하게 말했다. "복음 전도를 너희들의 몸에 새겨라." 부모님들께도 부탁했다. "전도가 자녀들의 몸에 새겨질 수 있도록 한목소리를 내어 주십시오." 리더는 한없이 부드러우면서도 끝없이 강해야 한다. 감사하게도 그 이후로 계속 연습을 이어 갈 수 있었다. 몸에 새기는 과정은 지루하고 힘들다. 그러나 사람은 몸에 새겨진 대로 살게 된다.[20] 힘든 만큼 얻는 유익이 많다. 가장 큰 유익은 그 이후로도 전도할 일이 있으면 몸이 먼저 반응한다는 것이다. 청소년들은 기도부터 시작했다. 보통 선교 여행은 말 그대로 여행일 때가 많다. 하지만 마른 수건도 쥐어짜는 심정으로 선교 여행 중에 복음 전도의 요소를 기획하기를 권한다. 훈련을 통해 전도를 몸에 새기게 할 수 있기 때문이다.

학교를 향한 하나님의 작업장을 세우라

청소년은 학교의 선교사들

학교를 위해 기도하게 하라

청소년들에게 학교의 선교사임을 일깨우라. 이 점이 분명하지 않으면 신앙이 이분법으로 흐르기 쉽다. 신앙이 '교회 따로 학교 따로'가 될 수 있다. 교회 안에만 갇힌 신앙을 경계해야 한다. 서로를 통합적으로 연결해야 한다. 교회는 청소년이 학교로 나아가도록 하는 하나님의 작업장이다.[21] 하나님의 작업장은 기도로 시작한다. 청소년부 내에서 본인의 학교를 위해 기도하는 시간을 만들게 하라. 예배나 기도회 속에서 자신의 학교를 위해 기도하게 하는 것이다.

개학 부흥회에서 사명을 재확인하라

새 학기가 시작되기 전에 개학 부흥회를 통해 학교 선교사로서의 사명을 일깨우라. 큐티하라, 기도하라, 전도하라 말하지 않아도 '학교 선교사'로서의 정체성을 일깨워 주면 이 모든 것이 따라온다. 이 사명은 개학 부흥회에서 세울 수 있다.

새 학기가 본격적으로 3월과 9월에 시작한다면, 각각 2월 마지막 주일과 8월 마지막 주일에 따로 시간을 정해서 개학 부흥회 일정을 잡는다. 이때는 학생과 교사만이 아니라 부모님과 성도들도 초청하면 좋다. 개학 부흥회 순서에서 2가지가 중요하다. 먼저는 메시지이다. 메시지를 통해 선교사로서의 사명을 재확인할 수 있기 때문이다. 다음은 청소년 선교사 파송식이다. 청소년들은 자신을 위해 기도하게 하고, 교사와 부모님과 성도님들은 청소년들을 축복하며 중보기도를 하는 시간이다. 학교별로 앞으로 초대해서 축복하는 것도 하나의 방법이다. 공개적으로 청소년들을 지지하고 격려하는 자리에서 사명을 재확인하게 할 수 있다.

학교 안 선교사 모임

교회에서 학교별 모임 시작하기

학교 안에 선교사들의 모임을 만들라. 장작불은 장작을 모을수록 힘을 발휘하고 또 오래 지속될 수 있다. 학교 선교사들도 마찬가지다. 혼자일 때는 쉽게 지치지만 모이면 쉽게 무너지지 않는다.

학교 안 모임 만들기에 도전해 보기를 권한다. 처음부터 효과를 기대하지 말고 장기간에 걸쳐 모임이 정착하도록 시도하자. 하나님의 타이밍은 반드시 있다. 초기 단계에서는 교회 안에서 학교별로 모이는 데서 시작할 수 있다.[22] 같은 학교를 다녀도 서로 잘 모를 수 있다. 서로 학년과 반을 모르는 것은 다반사고 심지어 같은 학교를 다니는지 모르는 경우도 많다. 학교별 모임으로 서로 얼굴을 익히는 데서 시작하는 것이 좋다. 이 모임을 시작으로 학교에서 점심시간을 활용해서 소수부터 모임을 가지도록 주선해 보자.

학교에서 교회 모임 시작하기

학교 내 모임을 시작하는 데 3가지의 전략이 필요하다.

① **가볍게 시작해서 늘려 간다** 초반에는 간단하게 미션을 준다. 예를 들어 '복도를 지나다 서로 마주치면 인사하기', '정확히 ○○월 ○○일 ○○요일 ○○시 ○○분에 특정 장소에서 만나 서로 인사하고 헤어지기' 정도를 하게 한다. 다음에는 미션을 전달해서 함께 수행하게 한다. 예를 들어 '매점에서 만나 만 원으로 간식 사서 나눠먹기'(예산을 미리 책정해서 준다), '5분 만나서 성경 퀴즈 풀기'(문제는 미리 준비해서 준다) 등을 할 수 있다. 이렇게 점점 시간을 늘려서 기도 모임과 큐티 모임으로 이어지게 한다.

② **학교별로 리더를 세운다** 모임의 중심축 역할을 할 수 있도록 리더십 있는 학생을 세우거나 교내 그리스도인 교사를 섭외한다. 각

학교 학생 리더들과 그리스도인 교사가 세워지면 역할 분담을 확실히 해줘야 한다. 이것이 분명하지 않으면 일이 진행되지 않는다.

③ **사역자가 참여할 방법을 찾는다** 모임 분위기가 조성될 즈음에는 사역자가 학교 안으로 들어갈 방법을 알아본다. 교회 차원의 공문이나 교장 선생님과의 소통으로 협의할 수 있다. 미리 안 된다고 단정하고 포기하기보다는 방법을 모색해 보기를 권한다. 그래도 방법이 없다면 학생들과 교문에서라도 만나면 된다.

지역 사회를 위한 하나님의 작업장을 세우라

지역에도 하나님의 작업장이 필요하다

필자가 섬기는 교회에는 '드림청'이라는 청소년 섬김 모임이 있다. 학교 사역을 섬기던 사역자들과 교사들이 지역으로 눈을 돌렸다. 교회를 넘어, 지역의 청소년들과 청소년 문화를 그리스도께 인도하기 위해 만들어진 자원봉사 모임이다. 처음에는 두세 사람으로 시작되었지만 점점 교회 안에서 후원자들이 생겨나고 봉사자들이 합류하게 되었다. 지금은 지역 사회를 위한 하나님의 작업장으로 쓰임 받고 있다.

교회마다 외부 사역을 대하는 상황이 다를 수 있다. 교회 내부 청소년들을 전적으로 섬기기에도 버거운 교회가 많다. 그러나 청소년을 섬김에 있어 교회와 지역은 떼려야 뗄 수 없다. 그리스도인 청소년들은 지역의 청소년이고, 지역의 청소년들은 전도의 대상이기 때문이다. 청소년 선교 사역을 위해서는 지역으로 눈을 돌릴 수밖에 없다. 지역 청소년들을 섬기기 위해 고민하는 사역자와 교사들에게 필자가 섬긴 드림청 사역이 통찰과 영감을 전해 줄 수 있을 것이다. 각 교회의 환경이 서로 다르지만 적용하거나 응용할 만한 점이 있을 수 있다.

매주 금요일은 컵라면 데이

금요일 오후, 교회에서 운영하는 카페(카페가 없다면 다른 교회 공간도 가능하다)에서 '컵라면 데이'를 운영한다. 이때 청소년에게 2가지를 무료로 제공한다. 먼저는 장소이다. 지역 청소년들이 와서 자유롭게 공부하고 잡담할 수 있는 공간을 제공한다. 다음은 간식이다. 공간 한쪽에는 여러 종류의 컵라면과 단무지 그리고 온수통이 준비되어 있다. 학생들은 각자 원하는 컵라면을 테이블로 가져가서 친구들과 함께 먹는다.

① 작은 것부터 시작하기 초반 홍보는 학교 앞에서 광고지를 나눠 주거나 SNS를 활용했다. 이후로는 방문했던 학생들이 또래 친구들에게 홍보했다. 점점 지역 청소년들도 북적이게 되었다. 오가는 학생들의 모습은 다양했다. 누가 봐도 모범생처럼 생긴 청소년도 있었고, 앉아만 있어도 동생들이 90도로 인사하고 가는 청소년도 있었다. 혼자 와서 조용히 컵라면만 흡입하고 돌아가는 학생도 있었고, 떼 지어 들어와서 쾌활하게 떠들다 가는 학생들도 있었다. 공통점이 있다면 대부분이 교회를 다니고 있지 않았다는 점이다. 그 친구들은 봉사하는 사역자와 교사를 아저씨나 아줌마라고 불렀

다. 동네 아저씨와 아줌마가 된 봉사자들은 컵라면을 먹고 있는 학생들 사이를 비집고 들어가 친한 척을 한다. 처음에는 어색하지만 점점 서로 얼굴도 익히고 이름도 알게 된다. 길거리에서 마주쳐도 반갑게 인사할 정도가 되면서 서로의 안부도 묻게 되고 대화도 가능하게 된다.

② 회원제로 소속감을 어느 정도 안정이 되었을 때는 회원제를 실시했다. 청소년들에게 소속감을 주기 위해서였다. 회원제라고 해서 거창하지 않다. 그들의 동의를 얻어 전화번호를 받고 회원 목록에 정리해 두는 것이 끝이다.

특별 행사가 있으면 회원들 번호로 문자를 보내 광고한다. 더불어 성경 구절도 함께 보낸다. 특별히 회원으로 등록한 학생들에게는 쿠폰을 발행한다. 이 쿠폰을 가진 회원은 간식 코너 맞은편에 있는 이벤트 코너를 이용할 수 있다. 게시판 하나에 성경 구절을 써놓는다. 그것을 암송하는 학생에게는 쿠폰에 도장을 하나 찍어 준다. 10개가 다 채워지면 컵라면을 업그레이드해 주거나 카페나 패스트푸드 식당을 이용할 수 있는 교환권을 준다.

그리고 바로 옆 게시판에는 매주 다른 질문을 써놓고 학생들이 자유롭게 답하도록 한다. 예를 들어 '스무 살이 되기 전에, 혹은 죽기 전에 꼭 이루고 싶은 일이 있다면?'이라는 질문이다. 그러면 학생들은 다음과 같은 답을 포스트잇에 써서 붙인다. '수능 1등급', '40kg 되어 보기', '부모님에게 용돈 드리기', '모든 여자가 날 좋아했으면 좋겠다' 등등의 답을 쓴다. 답을 작성한 학생에게도 지니고 있는 쿠폰에 도장을 찍어 준다. 한창 분위기가 무르익을 즈음 그날의 사회자가 그 글들을 읽어 준다.

성경 구절과 질문 보드 옆에는 작은 우체통이 있다. 일명 '기도해 주려 함'이다. 기도할 일이 있으면 쪽지에 적어서 넣는 함이다. 이 모든 과정이 자연스럽게 교회에 마음을 열도록 하려는 노력이다.

복음 이벤트 데이

① 조건 없이 섬기기 장소를 제공하고 간식과 상품으로 섬기면서 청소년들은 마음을 연다. 서로가 낯설지 않고 친밀해진다. 그러면 학생들은 물어 왔다. "우리한테 이렇게 해주시는 이유가 뭐예요?" 청소년들은 이 모든 일을 교회에서 주관하고 있고 봉사하는 사람들도 교인이라는 것을 안다. 그래도 이상한 것이다. 왜냐하면 봉사자들이 교인이라는 것을 티 내거나 교회에 나오라고 강요하지 않기 때문이다. 여기서 핵심은 목적은 잃지 않되, 조건 없이 섬기라는 것이다. 그러면 학생들이 묻게 되어 있다. 학생들이 질문하면 에둘러 말하지 않는다. 분명하게 목적을 전달한다. "우리가 받은 예수님의 사랑을 너희들에게 되돌려 주는 거야." 이렇게 말하면 아이들이 기분 좋게 받아 친다. "예수님께 잘 먹었다고 전해 주세요"라고 말하기도 하고 양팔을 치켜들고 익살스러운 표정으로 "할렐루야"라고 외치기도 한다.

② **직접 복음을 전하기** 청소년들이 우리가 섬기는 이유를 물어볼 즈음에는 조금 더 직접적으로 복음을 전할 수 있는 준비가 된 것이다. 그래서 '복음 이벤트 데이'를 한다. 매월 첫째 주 금요일 오후와 이른 저녁 시간을 활용해서 양껏 먹이고 복음을 전한다. 이때의 간식은 다른 금요일과 차별성을 둬서 컵라면이 아닌 피자나 치킨으로 한다. 학생들이 배불리 먹고 난 후 좋은 분위기를 타서 사회자가 나가서 간단한 레크리에이션을 인도한다. 이어서 자연스럽게 사역자가 나가서 5분 메시지를 전한다. 이때는 청소년들의 영혼을 터치한다. 그간 수집했던 청소년들의 고민, 기도제목들, 삶을 복음으로 터치하는 시간이다. 그래서 이 메시지는 사역자나 봉사자가 아니라 모임에 참여하는 그들의 것이 된다. 이들 중에서 반응을 보이는 청소년들이 있으면 필자가 섬기는 교회로 인도하거나 집에서 가까운 교회를 소개해 준다.

지역 청소년 풋살·농구·피구 대회

지역 내에 청소년들의 놀이 문화는 많지 않다. 기껏해야 폐쇄적인 노래방이나 PC방 정도이다. 야외에서 하는 놀이 문화는 거의 없다. 지역 청소년들의 문화를 그리스도께 드리기 위해서 운동대회를 기획할 수 있다. 지역에 청소년 운동 문화를 만들고 이를 바탕으로 청소년들을 그리스도께 인도하기 위해서다.

기업체를 운영하시는 한 장로님께 취지를 설명 드리고 후원을 받아서 추진했다. 후원금으로 상금과 기념품을 마련했다. 상금은 1등팀 20만원, 2등팀 15만원, 3등팀 10만원, 장려상 5만원으로 정하고 기념품은 텀블러로 준비했다.

대회는 1년에 두 번 진행한다. 봄에는 풋살대회를 진행하고 가을에는 농구와 피구대회를 했다. 풋살과 농구에는 주로 남학생들이 참가하는 것을 감안해서 여학생들을 위한 배려로 피구대회를 기획한 것이다. 대회 시간은 토요일 오전으로 정하고 장소는 지역 내에 있는 야외 풋살장이나 실내 체육관을 빌렸다. 대회 한 달 전부터는 홍보를 시작했다. 각 학교에 공문을 보내고, 홍보 포스터를 붙였다. 그리고 지역에서 학생들이 많이 지나다니거나 많이 갈 만한 카페나 분식점, PC방, 노래방, 실내 오락실에 양해를 구해서 홍보 포스터를 붙였다(거절도 많이 당했다). 이렇게 대회 1주 전까지 참가팀 신청을 받았다.

제1회 청소년 풋살대회는 6팀이 참가했다. 토요일 오전 대회 당일, 담임 목사님이 오셔서 기도해 주시면서 전체 순서가 시작됐다. 본격적인 대회를 시작하기 전에 중요한 경기 수칙을 말했다. '절대 욕하지 않기', '절대 소리치지 않기', '절대 폭력 쓰지 않기'였다. 만약 이 중에 하나라도 어길 시 중도탈락이 된다는 강수를 뒀다. 그래서 별다른 사고 없이 경기를 마칠 수 있었다. 경기 후에는 모두가 모여 도시락을 먹고 시상식을 했다. 상금을 받은 팀들은 마치 월드컵 대회에서 우승한 것처럼 기뻐했다. 상금 봉투를 받아 들고 우승컵을 들어 올리듯 봉투를 허공에 흔들어 댔다. 그 팀들 중에는 "당장 고깃집으로 달려가자" 외치는 팀도 있었다. 상금을 받지 못한 팀은 도시락과 기념품으로 아쉬움을 달래야 했다. 지역 청소년들의 운동대회는 이후로도 봄과 가을에 계속되었다. 대회에 참가하는 학생들에게는 매주 금요일마다 하는 컵라면 데이와 매달 첫주 금요일마다 하는 이벤트 데이를 홍보했다. 계속해서 관계가 이어지도록 한 것이다. 정기적인 사역과 운동대회가 서로 유기적으로 움직이도록 했다.

청소년 마을 봉사단

지역 청소년들의 필요를 알아보고 반응하는 것도 사역이 될 수 있다. 필자가 있는 지역의 청소년들은 봉사할 곳이 마땅치 않은 어려움이 있었다. 학생들은 평일에 학교와 학원을 가느라 바빴다. 겨우 주말에 봉사할 시간이 나지만 주로 가까운 봉사 단체나 시설은 주말에 쉬었다. 봉사하기가 쉽지 않았다. 드림청 봉사자들에 의해 아이디어가 나왔다. 시청의 자원봉사 센터에 문의해서 MOU(업무협약)를 맺는 것이었다. 청소년들이 주말에도 봉사를 할 수 있도록 드림청이 중개하고 센터에서는 봉사 시간을 인정해 주는 협약이었다. 조금은 무모해 보이는 도전에 놀라운 일이 일어났다. 봉사 센터에서 흔쾌히 허락을 한 것이다. 다만 조건이 있었다. 드림청 봉사자들이 일정의 교육을 받을 것과 봉사 때마다 현장 사진을 찍어서 보내는 것이었다.

청소년 마을 봉사단은 지역을 청소하기로 했다. 청소년들이 지역을 위해 봉사하는 것이다. 매주 토요일 오전을 활용해서 2시간씩 봉사 시간을 채울 수 있었다. 학생들은 노란 조끼를 입고 한 손에는 집게, 다른 손에는 쓰레기 종량제 봉투를 들고 동네를 누볐다. 이 봉사단에는 교회 다니는 청소년만이 아니라 전혀 다녀 본 적이 없는 청소년들도 참가했다. 이 모임 또한 다양한 청소년들과의 관계를 쌓게 했다. 자연스럽게 드림청의 컵라면 데이와 복음 이벤트 데이에 연계되었다. 지역 봉사와 복음 사역이 서로 선순환되게 한 것이다.

지역을 위한 하나님의 물음에 대답하라

모든 교회와 청소년부가 지역을 위해 위와 같이 하기는 어렵다. 엄밀히 말해 불가능하다. 왜냐하면 교회마다 속한 지역의 상황과 필요가 다르기 때문이다. 지금까지 소개한 지역을 위한 사역은 지역의 상황과 필요에 반응한 결과들이다. 교회와 공동체가 기억할 것이 있다. 우리가 일하기 전에 하나님이 이미 일하고 계신다는 사실이다. 하나님이 이미 일하고 계신 곳에서 청소년 사역을 초대하신다. 하나님의 이야기로 우리에게 말을 걸어 오신다. 청소년 사역은 그 말에 대답하면서 시작하고 세워진다.[23] 우리 각자는 상황이 다르다. 그러나 말을 걸어 오시는 하나님은 동일하시다. 자신을 부르신 그 자리에서 지역의 청소년들에게 눈을 돌리는 것이 또 다른 사역의 첫걸음일 수 있다.

교회가 지역 청소년들에게 복음을 전하게 하라

지역 청소년들과의 연결고리

지역 청소년들에게 교회의 성도들이 복음을 전하게 할 수 있다. 우선 교회와 지역의 청소년들 사이에 연결고리가 있어야 한다. 교회 안의 개인이나 단체나 상관없다. 현지 학생들과의 관계를 바탕으로 교회 성도들이 복음을 전할 수 있다.

드림청 모임이 현지 학생들과의 연결고리를 만들어 주었다. 이를 토대로 교회 성도들과 동역해서 복음·전하는 것을 기획할 수 있다. 연말 복음 파티를 통해서 말이다. 연말의 한 주말을 활용해서 추진한다. 먼저 홍보물과 초청장을 만들어서 참가 신청을 받는다. 신청하는 학생에 한해서 초청장을 배부하는 것이다. 연말 복음 파티 당일에는 초청장이 있는 사람만 입장이 가능하도록 원칙을 세운다. 지역 청소년들의 참여도와 집중도를 최대한으로 끌어올리기 위해서다. 실제로 이 시도는 충분히 유효했다.

복음 전하는 기쁨

신청자의 윤곽이 잡힐 즈음 교회에서 일꾼을 모집했다. 연말 복음 파티장에서 한 테이블씩 맡을 성도를 모집했다. 각 테이블에 둘러앉은 지역 청소년들에게 복음을 전하도록 콜링한 것이다. 청소년부 교사들을 포함해서 여러 성도들이 자원했다. 복음을 전할 성도들을 훈련하고 만날 학생들을 위해 기도했다.

복음 파티 당일에는 온전히 복음에만 집중하도록 했다. 복음 메시지를 담은 소소한 공연에 이어 설교자가 나와서 복음을 제시했다. 이어서 각 테이블별로 성도들이 복음을 전했다. '마음 카드'(자신의 마음 상태를 표현할 수 있는 카드)를 펼쳐서 서로의 마음을 나눈 다음 복음의 메시지로 이어 갔다. 기도와 함께 식사도 이어 갔다. 교회가 현지 청소년들에게 복음을 전수하는 것을 보는 것은 흥분되는 일이었다. 그 순간 가장 기뻐하는 사람들은 복음을 전하는 일꾼들이었다. 기도로 준비하고 복음을 전해 본 사람은 안다. 하나님이 복음 전하는 것을 얼마나 기뻐하시는지를 말이다. 하나님의 기쁨이 우리의 기쁨이 된다. 하나님이 복음을 전하시는 자리에 교회를 초대하라. 기쁨을 나누면 배가 된다.

다른 교회 청소년 사역과 동역하라

지역 청소년들을 섬기면서 또 다른 하나님의 부르심은 다른 교회 청소년 사역과 동역하는 것이다. 한 교회가 지역 청소년 전체를 전도할 수 없다.[24] 이것을 깨닫게 된 계기가 있다. 컵라면 데이와 이벤트 데이에 초대되어 온 학생들을 필자가 섬기는 교회로 인도하기 위해 애썼다. 그중에는 집이 교회와 멀어서 정착하기 힘들어 하는 학생도 있었다. 그 학생을 집 가까운 교회 청소년부로 소개했다. 이 학생은 놀랍게도 정착을 잘 했다. 이 교회가 할 수 없는 일을 저 교회가 할 수 있는 것이다. 그 이후 몇몇 학생은 처음부터 집과 가까운 곳을 소개했다. 다른 교회 청소년부 사역자를 컵라면 데이와 이벤트 데이에 초대해서 동역하는 데도 도전했다. 서로의 교회가 청소년들과 관계를 쌓고 자신의 교회 청소년부로 인솔해서 양육하게 하는 것이다. 큰 결실은 없지만 도전하는 것 자체가 의미 있었다. 왜냐하면 지역 청소년들을 바라보는 관점을 교정하게 했기 때문이다. 지역 청소년들을 본인 청소년부로 데려오기 위한 잠재적인 '고객'이 아니라 복음이 필요한 영혼으로 보게 했다. 이것이 본질을 잃지 않고 자신 있게 복음을 전하도록 만들었다.

하나님은 그 지역 청소년들에게 복음을 전하기 원하신다. 그래서 지역의 교회들을 세우셨다. 지역의 여러 교회 청소년 사역자들과 교사들도 초대해서 동역하는 꿈을 가져 보라. 지역의 청소년들은 복음을 기다리고 있다. 함께 한 그물을 움켜쥐고 들어 올릴 수 있기를 꿈꾸고 기도하라. 실제로 그런 예가 많다. 여러 청소년부와의 연합으로 찬양 집회를 하기도 하고, 복음 집회를 함께 열기도 한다. 한 교회보다 여러 교회가 청소년들에게 더 많은 영향을 미칠수 있다. "한 사람이면 패하겠거니와 두 사람이면 맞설 수 있나니 세 겹 줄은 쉽게 끊어지지 아니하느니라"(전 4:12).

처음 시작할 때 알았으면 좋았을 청소년 사역의 10가지 권면

청소년 사역자들에게 자주 "사역을 하면서 후회되는 일은 무엇인가?" 라는 질문을 던졌다. 이에 대한 답변을 바탕으로 만들어진 10가지 권면이다.

골골대지 말고 골방을 사수하라

골방을 잃으면 '내가 누구이며 무슨 일을 위해 부름 받았는지'가 흐려진다. 보이는 일에만 치여 급급해진다. 고갈되고 지친다. 말씀과 기도의 골방을 자주 찾으라. 영성을 위한 일기를 쓰라.

비교하지 말고 최선을 다하라

사역을 한다는 것은 끊임없이 비교당한다는 의미다. 스스로나 주위 사람들은 우리의 사역을 비교할 것이다. 비교에만 머물러 있지 말라. 지금 내게 주어진 자리에서 배우고 최선을 다하라.

추측하지 말고 먼저 다가가라

청소년들에게 이유 없이 거부당하거나 외면당하는 느낌을 받을 때가 있다. 하지만 말 그대로 이유가 없을 때가 많다. 추측하지 마라. 위축되지 말고 더 먼저 다가가라.

청소년들이 좋아하는 리더가 아니라 필요한 리더가 되라

청소년 사역자의 궁극적인 목적은 청소년들이 좋아하는 사람이 되는 것이 아니다. 청소년들에게 필요한 사람으로 부름받았다. 인정받고 사랑받으려 하지 말고 인정해 주고 사랑해 주라.

자책하지 말고 감사하라

청소년 사역은 자책의 연속일 수 있다. "더 열심히 하지 못했다!" 이런 자책에 빠지지 마라. 우리는 스스로 생각하는 것보다 더 약하다. 우리를 불러 주심에 감사하는 마음으로 시작하라.

소유하지 말고 소통하라

사역으로 만나는 관계(청소년, 교사, 부모님), 부서 운영, 프로그램, 그 어느 것도 사역자의 것이 없다. 소유하려 하지 말고 소통하려 하라. 인정받는 데 힘쓰지 말고 소통의 통로가 되라.

한계를 인정하고 위임하라

우리는 모든 것을 다 할 수 없다. 혼자서는 사역을 완벽하게 할 수 없다. 모든 청소년을 온전하게 세울 수 없다. 스스로의 한계를 인정하라. 함께 부름받은 사람들에게 위임하라.

설교를 가장 먼저 시작하라

소중한 것을 가장 먼저 하라. 보통 보이는 일은 먼저 하기 쉽다. 하지만 청소년들에게 말씀을 먹이는 일만큼 시급하고 소중한 일은 없다. 설교 준비를 뒷전으로 두지 마라. 가장 먼저 시작하라.

안주하지 말고 배우라

익숙해졌다고 곧 탁월해진 것이 아니다. 안주하는 것일 수 있다. 흐르는 강물 위에서 노를 젓지 않으면 제자리가 아니라 후퇴하는 것이듯 늘 배워야 한다. 청소년 관련 책을 읽으라.

한없이 부드럽고 동시에 한없이 강건하라

청소년 사역으로 함께하는 사람들에게 부드러움을 잃지 말라. 청소년 사역으로 외롭고 고독해도 포기하지 마라. 사람들의 평가에도 일희일비하지 마라. 강건하신 주님을 붙잡으라.

언택트 사역의 핵심

우리가 여전히 지켜야 할 것은 무엇인가?

    독일의 한 아름다운 도시 드레스덴을 방문했을 때 인상 깊은 건물을 본 적이 있다. 도심의 광장 한가운데에 위치한 성모교회다. 종교개혁자 마르틴 루터의 동상 뒤로 보이는 교회 건물은 보는 것만으로도 압도될 만한 웅장함을 뽐내고 있었다. 특히 인상적이었던 것은 교회 외벽을 수놓고 있는 거뭇거뭇한 벽돌들이었다. 세월의 흔적이라고 하기엔 너무 심하게 그을린 듯한 모습이 어떤 사연을 지니고 있는 것 같았다.

    아니나 다를까 그 건물에는 스토리가 있었다. 제2차 세계대전 당시에 연합군의 폭격으로 드레스덴은 초토화되었다. 성모교회 또한 폭격을 맞아 잔해만 남게 되었다. 사람들은 본인의 집을 잃은 것보다 교회 건물이 폭파된 것을 더 슬퍼했다. 왜냐하면 그 교회는 드레스덴의 상징이었고 자랑이었기 때문이다. 설상가상으로 전쟁이 끝나고 동독 정부는 교회가 있던 자리를 주차장으로 만들려고 했다. 결국 시민들의 반대로 무산됐지만 사람들은 언젠가 정부가

이 잔해들을 치울 것이라 생각하게 됐다. 시민들은 언젠가 교회가 재건될 날을 대비해서 돌 하나라도 지켜야겠다는 마음을 가졌다. 교회 잔해의 벽돌들을 각자의 집에 가져가 수십 년 동안 소중하게 보관했다. 마침내 교회의 복원이 결정됐을 때 각자 보관하고 있던 벽돌들을 가지고 나왔다. 이 벽돌들이 모여서 교회 건물이 재건될 수 있었다.

코로나19(COVID19) 이후로 한국 교회는 폭격을 맞은 것 같다. 교인들 간 대규모 전염으로 인해 교회는 집단감염의 온상이라는 오명과 함께 사회적 지탄을 받게 되었다. 이 전대미문의 현실 속에서 교회들은 우왕좌왕하고 있으며, 선교는 위축되었다. 성도들도 혼란에 빠졌다.

더 비참한 현장은 각 교회의 주일학교이다. 아이들과 청소년들의 특성상 자유롭게 교회를 출석할 수 없는 상황이었다. 현장 예배와 온라인 예배를 활용해서 양육을 시도하지만 예전 같지 않다. 더 나아갈 수도, 더 물러날 수도 없는 상황이다. 어떤 면에서는 공들여 쌓은 탑이 하루아침에 와르르 무너진 것 같다. 마치 폭격을 맞은 잔해를 보는 기분이다.

이 현장을 보면서 그저 한탄하고 있을 것이 아니라 스스로가, 공동체가 물어야 한다.

"우리가 여전히 포기하지 않고 간직해야 할 벽돌(본질)은 무엇인가?"

역사적으로 세상은 전염병에 대해 지속적인 변화를 거듭해 왔다. 정치와 문화, 국제 정세 등 사회 전반적인 변화가 있었다. 앞으로도 팬데믹(pandemic)은 더 많은 변화를 가져올 것이다. 물론 코로나19의 치료제가 개발되거나 집단면역이 생성되면 이전의 삶으로 돌아갈 것이다. 하지만 AI와 같은 4차 산업혁명과 맞물려 모든 면에서 변화를 맞이하게 될 것은 분명해 보인다.[1]

한국 교회와 주일학교도 변화를 피할 수 없을 것으로 보인다. 그 중 하나가 언택트(untact, 비대면) 사역이다. 모일 수 없는 상황에서 교회와 사역자들은 온라인 환경으로 달려들거나 내몰리고 있다. 당장 전염병이 퇴치된다 하더라도 언택트 사역은 지속적으로 요구될 것이다. 언택트 청소년 사역과 관련해서 우리가 포기하지 않고 간직해야 할 것을 다음 4가지로 알아볼 것이다. 영적 양육, 예배, 공동체, 선교이다.

File 2

언택트 양육, 'All-Line'으로 양육하라

양육의 방식은 크게 2가지다. 오프라인과 온라인이다. 오프라인은 현장성과 소통의 측면에서 장점이 있다. 같은 공간에서 직접 만날 수 있고, 양방향 소통을 할 수 있다. 온라인은 접근성과 반복성이라는 장점을 지니고 있다. 공간의 제약을 넘어서 만날 수 있고, 영상 콘텐츠를 반복해서 볼 수 있다. 양육에서 2가지의 방식이 서로 보완되게 하는 시도가 필요하다.

<u>온라인 양육</u>

매일 양육할 수 있다

시중에 활용할 수 있는 화상채팅 프로그램(Zoom, Smoothy, Google Meet 등)이 많다. SNS(Instagram, 카카오 라이브톡)나 유튜브 같은 영상 채널도 사용할 수 있다. 온라인 소통 플랫폼은 지속적으로 개발될 것으로 보인다. 이를 활용해 양육을 할 수 있다.

온라인 양육은 매일의 활동과 매주의 활동으로 나눌 수 있다. 매일 할 수 있는 활동으로 온라인 큐티가 있다. 매일 큐티 본문을 해설한 영상을 3분 분량으로 만드는 것이다. 만든 영상을 청소년들이 등교하기 전에 공유한다. 물론 큐티 책에는 본문마다 해설이 달려 있다. 하지만 텍스트를 조금 더 쉽고 간단하게 요약해서 영상으로 만든다면 접근성이 높아진다. 매일 큐티 내용을 노출시킨다는 점에서 관심도도 높아진다.

학생들의 참여도를 위해서 그날의 본문과 연관된 질문을 던져서 댓글 형식으로 남기게 하거나 별도의 나눔 방을 만들어 묵상과 적용을 나누게 할 수 있다. 매일의 큐티 영상은 정보 전달이 일차적인 목적이다. 화려한 영상 기술보다는 담백한 내용 전달에 집중한다. 매일 영상 공유하기를 시도한다면 꾸준한 나눔이 가능하도록 스스로 원칙을 세우기를 권한다. 예를 들어 펑크 나는 일이 없도록 한 달 분량의 영상을 미리 찍어 놓는다. 사역의 피로도를 줄이기 위해 영상 업로드를 주말에는 쉬는 것으로 정할 수 있다.

매주 양육할 수 있다

매주 할 수 있는 활동으로는 온라인 기도회가 있다. 일주일 중 하루, 저녁 시간을 활용해서 화상으로 기도회를 하는 것이다. 화상 채팅 프로그램을 사용할 때는 인도자와 호스트(관리자)를 나눠서 운영하기를 권한다. 호스트가 회원을 관리하고 음소거와 같은 기술 지원을 하는 동안 인도자는 기도회 인도에 집중할 수 있기 때문이다. 기도회는 학생만이 아니라 학부모도 함께 참여할 수 있도록 독려할 필요가 있다. 기도회가 개인에서 가정으로 점차 확대되지 않으면 오래 지속되기 힘들다. 반대로 점차 기도회의 불이 가정으로 번지면 오래 지속된다.

목표를 세우고 함께 도전하기

온라인의 특성상 현장성이 약하기 때문에 상대적으로 강한 동기부여가 필요하다. 온라인으로 양육을 한다면 하나의 목표를 세워서 진행하는 것이 좋다. 예를 들어 '창세기 처음부터 끝까지 읽기' 같은 성경 읽기나 '천로역정 이해하기'와 같은 고전 읽기를 시도해도 좋다. 핵심은 무엇을 시도하든 목표를 명확히 해야 한다는 것이다. 명확한 목표 설정을 위해서 기간을 정해 시즌제로 진행해도 좋다. 시즌제를 통해 목표 실천을 구체화하고 학생들의 참여를 끌어내기 때문이다. 청소년들이 온라인 양육을 받을 때 참고할 자료나 활동 재료가 있다면 양육 키트를 꾸려서 각자의 집으로 택배를 보낼 수 있다. 이것으로 청소년들의 관심도를 높이는 효과도 얻는다.

재미보다는 목양이다

재미와 흥미를 끌기 위해 접근하는 것은 유통기한이 짧다. 잠깐의 관심은 끌 수 있다. 하지만 아무리 재미있는 컨텐츠를 개발하더라도 대중을 상대로 하는 유튜버나 개그맨을 따라갈 수 없다. 따라가서도 안 된다. 청소년들의 관심을 끌기 위해 애쓰는 노력을 폄하하지는 않는다. 흥미를 끄는 컨텐츠는 가끔 필요하다. 그러나 흥미 일변도라면 서로에게 피곤함을 가중시킬 뿐이다. 목회의 관점에서 언택트 대상은 반드시 자신이 섬기는 교회 청소년이어야 한다. 청소년들의 영적 성장과 공동체의 하나 됨을 위해 언택트 사역을 출발해야 한다.[2] 기억하라. 청소년 사역자는 엔터테이너(entertainer)가 아니다. 목양자이다.

온라인상에서 목양하기 위해 Q&A(질의응답)를 활용할 수 있다. 학생들이 궁금한 점을 물어보고 사역자와 교사가 답하는 시간을 고정적으로 갖는 것이다. 특정한 주제 없이 나누는 것보다 정해진 주제에 따라 질문을 받고 답하는 시간을 가지는 것이 좋다.

미디어를 통제하는 힘

청소년들은 온라인 환경에서 미디어의 홍수를 경험한다. 미디어를 통제할 힘이 필요하다. 미디어를 분별하는 방법을 가르쳐야 한다. 특히 미디어를 성경적으로 해석할 수 있도록 세미나 형식으로 영상을 제작해서 공유하는 것도 좋다. 더 적극적으로는 권장할 만한 온라인 콘텐츠와 피해야 할 만한 콘텐츠 리스트를 만들어 지속적으로 업데이트하는 방법이 있다.

때로는 미디어 금식을 통해서 통제력을 가지게 만들 수 있다. 기간을 정하고 통째로 금식하는 것도 좋지만 매일 시간을 정해 놓고 금식의 시간을 해보는 것도 좋다. 예를 들어 매일 저녁 9시 이후에는 '영적 호르몬을 위한 미디어 금식'의 시간을 가질 수 있다. 저녁 9시 이후로 스마트폰과 컴퓨터를 보면 멜라토닌이라는 좋은 호르몬이 분비되는 것을 억제한다는 연구 결과[3]를 활용하는 것이다. 저녁 9시 이후로는 미디어를 내려놓고 정해진 분량의 성경을 읽고 각자의 기도제목으로 기도하는 시간을 가질 수 있다. '건강한 육적·영적 호르몬을 위한 시간'이라는 타이틀로 말이다.

다음은 청소년들이 미디어를 분별할 수 있도록 세미나를 마련할 때 다룰 만한 내용이다.

회차	훈련 내용	주제
1	미디어의 얼굴, 모든 미디어에는 메시지가 있다	미디어의 장점과 단점
2	성경은 미디어(보고 듣는 것)를 어떻게 생각할까?	미디어에 대한 성경적 관점
3	신앙인으로서 미디어의 건강한 활용법	미디어의 성경적 활용

오프라인 양육

찾아가는 양육 사역

언택트 사역은 학생들을 찾아가는 기회다. 물론 대면해서 오랜 시간 동안 대화할 수 있는 환경은 아니다. 하지만 짧은 시간이라도 안전하게 깊은 대화를 나눌 수 있다. 그 방법은 드라이브스루(drive-through)이다. 학생들의 집 가까운 곳으로 찾아간다. 사역자와 교사는 차에 탄 채 마스크를 하고 학생을 만나거나, 야외 환경에서 거리를 둔 채 마스크를 하고 만날 수 있다.

문고리 심방

청소년들을 격려하는 간식과 손 편지를 담은 패키지를 집 앞 문고리에 걸어 두고 와보자. 비록 만날 순 없지만 위로와 격려를 전달할 수 있는 방법이다. 부활절과 성탄절과 같은 특별 절기를 활용해서 전체 가정을 심방하기를 권한다. 청소년만이 아니라 가정에도 격려를 전달할 수 있다.

배달 사역

매달 혹은 두 달에 한 번 큐티책이 발간된다. 학생들에게 신청을 받아서 각 집으로 배달을 간다. 상·하반기(1년 2회)에 학생들에게 간식 박스를 택배로 보내기도 한다. 인터넷 커뮤니티에 언박싱(상품을 받고 개봉하는 과정)을 공유하도록 하면 청소년부 전체가 격려받을 수 있다.

File 3

언택트 예배, 온라인 목양을 시작하라

실시간 영상 예배와 업로드 영상 예배

비대면으로 예배 드리는 방법은 실시간으로 예배를 드리는 방식과 영상을 업로드해서 예배를 드리는 방식이 있다. 온라인의 특성상 현장성과 양방향 소통이 약하다는 단점이 있다. 가능하면 실시간으로 예배를 드리기를 권한다. 실시간 영상 예배는 나름의 현장성과 양방향 소통이 가능하다. 온라인 예배의 단점을 보완할 수 있다. 실시간이 아니라 업로드한 영상으로 예배를 드리더라도 다함께 예배를 드릴 수 있는 고정된 시간을 정하는 것이 좋다.

온라인 예배에서 학생들의 참여를 이끌어 내기 위해 Q&A 시간이나 퀴즈 시간을 만들 수 있다. 온라인에서 실시간으로 청소년과 전화 연결을 해서 인터뷰 형식으로 진행할 수도 있다. 청소년들이 단순한 시청자가 아니라 참여자가 되도록 교회 상황에 맞게 지속적으로 개발할 필요가 있다.

온라인 예배는 끝이 아니라 시작이다

온라인으로 예배를 드리기 위해서는 준비할 것이 많다. 온라인 예배는 기획이 필요하다. 업로드 영상은 기획과 편집이 필요하다. 그래서 라이브가 끝나거나 영상을 업로드를 하면 '드디어 끝'이라는 생각이 들 수 있다. 온라인 예배는 시작이다. 온라인 예배가 청소년들로 나태해지도록 내버려 두면 안 된다. 온라인 예배를 수단으로 목양을 시작해야 한다. 그 방법을 아래의 3가지로 알아볼 수 있다.

① **온라인 예배 전 반별로 출석 부르기** 온라인 예배가 시작되기 전에 각 반 별로 출석 체크를 해야 한다. 이 장치가 학생들로 예배를 놓지 않도록 해주는 끈이 되기 때문이다. 예배가 시작하기 1시간 전에 온라인으로 청소년, 교사, 학부모 연합 기도회를 진행하는 것도 도움이 된다. 모두가 미리 예배를 준비할 수 있기 때문이다. 기도회가 끝난 후, 예배 30분 전부터 교사들이 반별로 출석 체크를 할 수 있도록 한다. 청소년들이 예배드릴 준비가 됐는지 체크하고 아직 일어나지 않았거나 준비되지 않은 학생이 있다면 개별적으로 전화하는 것이다. 예배 10분 전에는 반별로 출석 현황을 공유한다. 이를 위해서 미리 교사들과 역할 분담을 확실히 해야 한다.

② **온라인 예배 후 반별로 예배 현황 나누기** 온라인 예배를 드린 후에도 반별로 출석 체크를 해야 한다. 최종적으로 어떤 학생이 예배를 드리지 못했는지 파악하기 위해서이다. 이 명단이 나오면 개별적

으로 전화 심방을 할 필요가 있다. 예배에 대한 끈을 놓지 않도록 격려의 말을 전하거나 특별한 일이 있을 때는 수화기를 붙잡고 기도해 줄 수 있기 때문이다.

③ 온라인 예배 설교 노트 쓰기 예배 시간에 설교 노트를 작성하게 할 수 있다. 예배 후에 각자가 작성한 설교 노트를 청소년부 전체 온라인 커뮤니티나 사역자 또는 담당 교사에게 공유하도록 한다. 성실하게 작성한 청소년에게는 매주 또는 매달 한 번씩 작은 상품을 준비해서 시상하는 것도 온라인 예배에 참여하게 하는 방법이다.

온라인에는 루틴이 중요하다

온라인 예배에 일정하고 규칙적인 반복이 필요하다. 온라인 예배는 상대적으로 집중이 어렵다. 전체를 하나의 흐름으로 기획하는 것이 좋다. 예를 들어 일정 시간을 하나의 주제로 기획하는 것이다. 한 달이나 한 분기를 하나의 주제로 설교하거나 소그룹 나눔을 할 수 있다. 매주 하나의 주제로 연결되면 온라인이라도 연속성과 안정성을 가져다줄 수 있다(자세한 내용은 Special Episode에서 다룰 것이다). 부분적으로도 하나의 흐름이 필요하다. 지난 주일 청소년 설교를 5분으로 요약하고 월요일에 공유해서 메시지를 잊지 않게 하고, 금요일이나 토요일에 오는 주일 설교와 소그룹 나눔에 대한 소개를 5분으로 만들어서 공유할 수 있다. 지난 주일에 대한 되새김과 오는 주일에 대한 기대감을 심어 줄 수 있다.

야외로 찾아가는 예배

온라인으로 예배를 드리는 중에도 가끔은 야외에서 예배를 드리는 것이 좋다. 먼저 야외의 장소와 시간이 정해지면 적절한 거리 유지가 가능한 인원(10명-20명)을 신청을 받는다. 현장에는 학생들이 설 자리를 표시해 두고 그 자리에서만 마스크를 착용하고 예배를 드리도록 한다. 그 자리에 오지 못하는 학생들을 위해서 예배의 실황을 실시간으로 송출하거나 녹화하여 영상을 업로드한다.

언택트 공동체, 온라인에서도 공동체를 세우라

가정을 교회 공동체로

가정에 청소년부 세우기

가정도 교회다. 부모님은 가정의 목회자다. 부모님이 자녀 신앙의 최종적인 책임자이기 때문이다. 이전까지는 자녀의 신앙 교육을 교회에 위탁하는 분위기가 강했다. 이제는 다시 제자리를 찾아야 한다. 가정에서 신앙이 전수될 수 있도록 도와야 한다. 가정이 교회로 서지 않으면 언택트 사역은 실패할 수밖에 없다.

가정에 예배가 설 수 있도록 도우라. 온라인 예배에서도 부모님이 참여할 수 있게 기획할 수 있다. 예배 순서에서 부모님도 역할을 맡게 한다. 기도나 성경 봉독 만이 아니라 특송을 할 때도 부모님과 가족이 참여하게 하라. 온라인으로도 특송을 할 수 있다. 하나의 찬양을 선정하고 각자 찬양하는 것을 녹화한다. 각자의 영상을 하나의 특송 영상으로 합치는 것이다. 이때도 가정과 부모님이 함께 참여하면 좋다. 가정 예배에서는 가족들 간의 친밀감을 높이는 삶 나눔과 신앙에 대한 생각을 나누고 기도하는 장을 마련해 줄 필요가 있다.⁴ 가정 예배 때 사용할 수 있는 별도의 교안을 만들어서 공유해야 한다. 가정 예배가 잘 정착되도록 청소년과 부모님 대상으로 온라인 가정 예배 세미나를 개최하는 것도 방법이다.

가정 수련회 세우기

비대면 환경에서 수련회는 아주 중요하다. 개인의 느슨해진 신앙생활을 바로잡고, 가정이 교회로 서도록 도울 기회이기 때문이다. 수련회 가정에서 신앙이 전수되도록 돕는다.

함께 더불어 성경 읽기

청소년과 교사, 부모님이 함께 성경을 읽게 하라

온라인 환경에서 함께 성경을 읽을 수 있다. 청소년들과 교사, 부모님들에게 성경을 함께 읽을 것을 권면하고 자원을 받는다. 5-6명씩 한 팀을 이뤄서 SNS에서 그룹을 만든다. 매일 읽을 분량을 전날에 공지하고 다음 날 읽어 가는 방식이다. 다 읽은 사람은 당일 저녁 10시 전까지 공지 글에 '읽었습니다'라는 댓글을 단다. 추천하고 싶은 성경 읽기는 맥체인 성경 읽기 방법이다. 이 방법은

TIP 효과적인 가정 수련회를 위한 5가지 전략

1. 가정별로 참가 신청서를 받기

온라인 수련회가 접근성은 강한 반면에 참여성은 약하다. 능동성을 끌어내기 위해 참가 신청서를 받는 방법이 있다. 온라인 수련회는 누구나 참여할 수 있도록 개방해 두지만 따로 신청한 가정을 위해서 차별을 둘 수 있다. 예를 들어 신청서를 작성한 가정에 한해서 수련회와 관련된 물품(티셔츠, 가이드북, 간식, 활동 자료 등등)을 가정에 보내는 것이다. 박스로 포장해서 택배로 보내거나 직접 배달할 수 있다. 각 가정별로 수련회 패키지 언박싱 영상 콘테스트를 열 수도 있다. 언박싱 장면을 가장 실감나게 영상으로 찍은 가정을 선정하는 것이다.

2. 수련회 전 부모님 강습회 열기

수련회 전에 부모님을 영적으로 무장시키고, 수련회를 수월하게 진행할 수 있는 방법을 전수해야 한다. 이를 위해 수련회 전에 부모님 강습회를 할 수 있다. 가정과 자녀를 위해 기도하고, 성경 공부와 특별활동 등을 할 수 있도록 자료를 준비해서 부모님을 훈련하는 것이다.

3. 수련회 준비 과정에 가정이 참여하게 하기

수련회를 준비하는 과정에 가정이 참여하도록 해야 한다. 예를 들어 수련회 홍보 영상이나 티셔츠 디자인, 포스터 디자인을 가정별 공모전으로 진행할 수 있다. 예산이 허용되는 선에서 우수상과 참가상을 선정해 야식(치킨) 교환권을 전달하는 것이다. 이 과정이 온라인 수련회의 거리감을 좁히고 '우리 수련회'라는 의식을 심는 방법이 될 수 있다.

4. 모두가 온라인 기도회에 참여하게 하기

수련회 2-3주 전에는 온라인 기도회를 해야 한다. 참여 대상은 청소년과 교사, 학부모이다. 정기적으로 시간을 정해서 화상 프로그램을 활용해서 기도회를 진행할 수 있다. 가정이 모두 참여하는 기도회는 온라인 수련회를 성공적으로 수행하게 하는 핵심 키(key)이다.

맥체인 목사님이 성경을 균형적으로 읽게 만든 성경 읽기법이다. 성경을 하루에 4장씩 읽으면 1년에 구약 1회, 신약 2회, 시편 2회를 통독하도록 만들어졌다. 하루 동안 읽을 분량에 부담이 적고 각 성경의 주제가 잘 연결되어 있다. 그래서 통독 자체가 의미 있다. 시중에 맥체인 성경 읽기를 돕는 해설집도 많이 있다. 매일 읽어야 하는 성경의 장과 해설을 함께 공유한다면 풍성한 성경 읽기가 될 것이다.

청소년과 교사, 부모님이 함께 성경을 쓰게 하라

비대면 환경은 성경 전체를 필사하는 기회가 된다. 청소년들과 교사들, 부모님들이 분담해서 필사하면 하나의 성경이 만들어지는 것이다. 먼저 필사할 분량을 잘 나눈다. 이 분량을 공지하고 신청자를 받는다. 신청자가 모이면 정해진 기한에 맞춰서 각자 성경을 쓴다. 마감 기한 전에 중간 점검을 하고, 마감이 되었을 때는 하나로 묶어 책으로 만든다.

온라인 공동체 활동

온라인 체육대회

온라인에서 체육대회를 열면 공간과 도구의 제약을 적게 받는 활동을 할 수 있다. 예를 들어서 '도전! 59초'(8종목)를 할 수 있다.[5] 8개의 동작(팔굽혀펴기 5회, 윗몸 일으키기 5회, 양말을 둥글게 만들고 비닐봉지로 골대를 만들어 1미터 떨어진 거리에서 농구 슛 성공하기 2회, 빈 페트병을 2미터 앞에 두고 두루마리 휴지를 굴려 맞추기 2회, 줄넘기 없이 줄넘기 뛰기 동작 10번, 줄넘기 없이 줄넘기 2단 뛰기 동작 10번, 양말 제기차기 3개, 숨쉬기 운동 5회 등등)을 선정해서 공지한 다음 59초 이내에 완수한 영상을 받는 것이다. 동작과 시간은 상황에 따라 바꿀 수 있다. 미션 완수 영상과 더불어 재미있는 실패 영상 토너먼트도 진행하면 좋다.

온라인 여행

온라인으로 성지순례 여행을 갈 수도 있다. 주위에 성지순례를 다녀온 사람이나 여행사에 사진 자료를 부탁해서 성경에 나오는 지역 사진을 보여 주면서 온라인 여행을 함께 떠나 볼 수 있다. 지난 선교 여행이나 수련회 사진과 함께 에피소드를 나누면서 '우리들의 지난 추억 여행'이라는 이름의 시간도 가질 수 있다.

온라인 퀴즈대회

화상 채팅 프로그램을 활용해서 퀴즈대회를 할 수 있다. 먼저 한 달 전에 성경퀴즈 범위를 공지하고 필요하다면 예상 문제도 공유한다. 온라인으로 모인 곳에서 사회자가 퀴즈를 내면 가정에서는 골든벨 형식으로 종이(노트나 스케치북)를 준비해서 답을 적는다. 부모님이 교회를 안 다니는 청소년은 개인 참가가 가능하다. 문제를 풀 때는 컨닝하지 않도록 약속을 하고 시작한다.

온라인 찬양대회

온라인으로 찬양대회를 할 수 있다. 가정 또는 개인별로 참가 신청을 받는다. 그리고 제출 기한과 심사 기준에 대해서 설명한다. 심사기준은 '공동체'와 관계된 것으로 할 필요가 있다. 참여하는 사람은 찬양하는 영상을 찍어서 전체 커뮤니티에 공유한다. 찬양 선곡은 자율에 맡길 수 있다. 심사위원은 청소년부와 직접적인 연관이 없는 성도들을 초빙해서 진행하는 것이 좋다.

언택트 선교, 일상을 살아가는 교회

일상 속의 영성을 세우라

언택트 환경은 경건에 대한 새로운 정의를 내리게 한다. 경건의 개념은 장소에서 시간의 개념으로 바뀐다. 교회 생활에서 일상생활로 옮겨진다. 물론 이 개념이 새로운 내용은 아니다. 일반적으로 알고 있는 내용이다. 하지만 언택트 환경으로 인해 더 이상 이론이 아니라 실제가 되었다. 일상이 예배가 되고 선교가 되게 해야 한다. 큐티와 기도는 액세서리나 선택사항이 아니다. 생존을 위한 필수사항이다. 일상 속에서 영성이 살아나도록 설교와 훈련을 통해 지속적으로 청소년들에게 도전해야 한다. 교회나 집에서만 아니라 학교에서도 선교사로서의 정체성을 바로 세우고, 일상에서 자기주도 경건 생활이 가능하도록 해야 한다.

선교를 위해 기도하게 하라

언택트 환경에서 선교지와 선교사들을 위해 기도하게 하라. 비대면 환경으로 인해 선교가 위축되지 않도록 기도하게 하라. 교회에서 파송한 선교사와 선교지를 중심으로 기도하되 세계의 선교지로 지경을 넓혀서 기도하게 하라. 지역의 사람들과 친구들을 위해 기도하는 것도 선교를 위한 발판이 될 수 있다.

기독 영상 영화제

온라인상에서 복음이 전해질 수 있게 하라. 학생들이 스스로 영상을 만들어서 복음을 전할 수 있다. 이름하여 '기독 영상 영화제'여는 것이다. 예수 그리스도의 복음과 하나님 나라의 복음이라는 주제로 학생들이 자유로운 형식으로 영상을 찍어서 출품하는 것이다. 온라인 실시간 중계를 통해 시상식을 진행한다. 이를 계기로 청소년들이 복음을 깊이 있게 생각해 보게 하고, 주위 친구들이 복음을 듣게 할 수 있다.

성공적인 온라인 예배를 위한 3가지 조언

저작권을 배우라

온라인 예배에서 신경 써야 하는 문제가 있다. 저작권이다. 온라인 자료를 만드는 데 사용되는 재료들에는 저작권이 있는 경우가 많다. 이 점을 미리 숙지하지 않으면 크고 작은 문제가 발생할 수 있다. 미디어 자료(영상, 음원, 이미지, 글꼴 등)를 사용할 때는 저작권을 항상 확인해야 한다. 예를 들어 한 홈페이지에서 미디어 자료를 무료라고 홍보한다고 해서 안심하기에는 이르다. 약관을 살펴보면 개인용도로만 사용 가능할 뿐 단체나 공공 업무로는 사용을 금하는 경우도 많다.

일반 저작권에 대해서는 한국저작권위원회(KCC)를 통해 문의할 수 있다. 한국저작권위원회 홈페이지에 있는 공유마당을 통해 무료로 일부 저작물을 사용할 수 있다. 포털 사이트에서도 저작권이 없는 자료를 검색해서 검토 후 사용할 수 있다. 기독교 저작권은 기독교국제저작권협회(CCLI)를 통해 알아볼 수 있다.

피드백을 주고받으라

먼저 온라인 예배에 대한 지침을 주라. 온라인 예배시에 지켜야 하는 지침을 지속적으로 전달해야 한다. 어수선한 주변을 정리하고 예배의 자세를 갖추게 하는 지침을 정하라. 정확한 기준을 지속적으로 전달하라. 온라인 예배가 시작되기 전에 이 수칙들이 지켜지고 있는지 다함께 점검하는 시간을 가지는 것도 좋다. 예배의 자세에 대해서 지속적으로 돌아보게 하라.

또한 온라인 예배에 대한 아이디어를 받으라. 온라인 예배의 특성상 소통이 양방향보다는 한 방향으로 흐르기 쉽다. 상호작용이 가능한 온라인 예배가 되도록 피드백이나 아이디어를 받으라. 청소년들이 집중할 수 없는 요소가 무엇인지, 또 집중하게 도우려면 어떤 것이 필요한지, 청소년들의 필요가 무엇인지 등등 양방향 소통을 위한 피드백과 아이디어를 받으라.

연속성을 가지라

온라인 예배는 보통 팀을 꾸려서 진행한다. 주일학교 사역자나 중고등부 사역자가 연합해서 예배를 이끈다. 이때 청중은 동일하지만 예배 인도자나 설교자가 매번 달라진다. 이것이 청소년들에게 혼란을 줄 수 있다. 각자의 스타일을 살리되 연속성을 주는 방법을 고민하라. 아래는 온라인 예배에서 연속성을 줄 수 있는 방법이다.

① 주제 설교: 동일한 키워드를 공유하고 주제 설교로 풀어간다. 예를 들어 '예배'라는 키워드로 예배의 이모저모를 나눈다.
② 강해 설교: 성경 중에 한 권이나 성경 인물을 정해서 연속 강해 설교를 한다.
③ 책 읽기: 기독교 서적(특히 기독교 고전)을 선정해서 성경으로 해석하고 적용한다.

이 점은 꼭 팀이 아니라 독자적으로 예배를 인도하는 환경에서도 마찬가지다. 혼자 인도하는 상황이어도 연속성 위에서 온라인 예배를 드리기를 권한다.

청소년 사역, 성공과 실패가 아닌 충성이다

청소년을 섬기는 사역자들과 교사들을 만나 대화할 기회가 있다. 그분들의 현장 이야기를 듣다 보면 가슴 따뜻해지는 사연도 있는가 하면 가슴 시린 이야기도 있다. 청소년 사역의 가능성을 볼 수 있는 환경이 있는가 하면 거대한 벽 앞에 선 것같이 도저히 한 걸음도 나갈 수 없는 환경도 있다.

필자가 만난 청소년 섬김이들은 한결같이 청소년들을 사랑하는 마음을 지니고 있었다. 청소년들을 위하는 마음이 크면 클수록 성공에 대한 압박이 커 보였다. '청소년들을 섬기는 데 성공적인 영향을 미치고 싶다'는 마음이었다. 누군들 사역을 성공적으로 하고 싶지 않겠는가. 누군들 청소년들과 동역자들에게 좋은 영향을 미치고 싶지 않겠는가. 이 마음은 인지상정일 것이다.

더불어 청소년들을 향한 마음이 커질수록 동시에 두려움도 커지는 것 같다. '실패하면 어떡하나', '잘 못하면 어쩌지' 하는 마음이다. 더 나아가면 자책감으로 발전한다. '왜 이것밖에 못하나', '청소년을 향한 마음이 있기라도 한 것인가'와 같은 마음이 든다.

청소년에 대한 마음, 성공에 대한 압박감, 실패에 대한 두려움과 자책감 모두 청소년들을 섬기는 이라면 누구나 한번쯤 겪어 봤거나 겪고 있을 것이다. 필자도 마찬가지다. 자책이 심할 때는 '청소년을 섬길 자격이 있는 건가?' 하는 절망의 마음이 생기기도 했다.

J. D. 그리어의 말이 생각을 바꾸어 놓았다. 그는 이렇게 말했다. "성공과 실패는 주인의 언어다. 청지기의 관심사는 바로 충성이다."[6] 사역의 주인은 그 누구도 아니다. 오직 예수 그리스도이시다. 사역의 모든 것이 주인의 것이다. 사역의 성공도 실패도 말이다. 청지기인 우리에게는 충성만 있을 뿐이다. 이 마음을 담아 펜을 들기 시작했다. 사역의 현장에 있는 분들에게 도움이 되고 싶었다. 그래서 현장에서 고민하고, 공부하고, 경험했던 것을 써내려가기 시작했다.

이 책은 청소년 사역에 대한 성공 보증서가 아니다. 마음 같아서는 "청소년 사역, 이것만 따라하면 성공할 수 있다!"라고 자신 있게 말하고 싶다. 그러면 더 관심을 끌 수 있을 것이다. 그도 그럴 것이 개인적으로 소위 말하는 '배가부흥'을 경험하기도 하고 '성공적인 청소년 사역자'라는 평을 듣기도 했다. 하지만 솔직히 인정할 수밖에 없는 것이 있다. 필자는 비교적 좋은 환경들에서 사역했다. 그래서 '이것만 따라 하면'이라는 전제는 정직하지 않다.

이 책의 내용을 참조하면 성공감을 느낄 수도 있다. 반대로 실패감을 느낄 수도 있다. 사람들에게 박수를 받을 수도 있다. 반대로 좋아하지 않거나 피곤하게 여길 수도 있다. 우리의 상황은 서로 다를 것이기 때문이다. 하지만 성공과 실패를 떠나 충성에 대해 이야기하고 싶었다. 우리의 언어는 성공도 실패도 아닌 충성이기 때문이다.

이 지면을 빌어서 청소년 사역 현장에서 하나님께 충성을 다하는 분들에게 진심으로 존경을 표하고 싶다. 우리를 통해 청소년 사역을 시작하신 하나님이 그분의 날까지 완전하게 이루실 줄 믿는다.

주

Folder 1

1   필립 후즈, 《소년은 침묵하지 않는다》, 박여영 옮김 (파주: 돌베개, 2016), 9쪽.

2   김성수·오경석, 《청소년 사역 매뉴얼》 (서울: 생명의양식, 2017), 103쪽.

3   이하운, 《청소년 사역의 새 지평》 (서울: SFC출판부, 2012), 11쪽.

4   제임스 파울러, 《신앙의 발달 단계》, 사미자 옮김 (서울: 한국 장로교출판사, 1987), 246쪽.

5   손종국, 《청소년 교육》 (서울: 예루살렘, 2003), 68쪽.

6   헨리 나우웬, 《춤추시는 하나님》, 윤종석 옮김 (서울: 두란노, 2002), 98쪽.

7   레스 패로트, 《청소년이 고민하는 30가지 상담 가이드》, 이유정 옮김 (서울 : 요단 출판사, 2008),
    20쪽.

8   이하운, 《청소년 사역의 새 지평》 (서울: SFC출판부, 2012), 140-141쪽.

9   배규한 외 13인, 《청소년학 개론》 (파주: 교육과학사,2008), 35쪽.

10   손종국, 《청소년 교육》 (서울: 예루살렘, 2003), 71쪽.

Folder 2

1   정형권, 《거꾸로 교실 거꾸로 공부》 (고양: 더메이커, 2016), 142쪽.

2   위의 책, 137쪽.

3   이재철, 《새신자반》 (서울: 홍성사, 2002), 288쪽.

4   문화랑, 《예배학 지도 그리기》 (고양: 이레서원, 2020), 32쪽.

5   마르바 던, 《고귀한 시간 '낭비' – 예배》, 김병국·전의우 옮김 (서울: 이레서원, 2016), 61쪽.

6   해든 로빈슨, 《성경적인 설교와 설교자》, 전의우 옮김 (서울: 두란노, 2006), 46쪽.

7   유진 피터슨, 《부활을 살라》, 양혜원·박세혁 옮김 (서울: 한국기독학생회출판부, 2016), 299쪽.

8   '마음으로 드리는 예배'는 서울 동대문구에 위치한 나들목교회에서 사역하면서 배운 것이다.

9   아브라함 쿠루빌라, 《설교의 비전》, 곽철호·김석근 옮김 (이천: 성서침례대학원대학교, 2018), 132쪽.

10 황주영, 《별이 빛나는 밤》, 네이버미술백과 해설을 참조함. 2020.6.29.   https://terms.naver.
    com/entry.nhn?docId=974744&cid=46720&categoryId=46846

11 브루스 모힌니, 《목사님, 설교가 아주 신선해졌어요》, 오태용·김광점 옮김 (서울: 베다니, 1995),
    47–67쪽.

12 윌리엄 칼 엮음, 《목회수업 30》, 림형천 옮김 (서울: 홍성사, 2011), 25쪽.

13 김경훈, 《사진을 읽어드립니다》 (서울: 시공사, 2019), 39쪽.

14 데이비드 고든, 《우리 목사님은 왜 설교를 못할까》, 최요한 옮김 (서울: 홍성사, 2012), 74쪽.

15 이진섭, 《성경 사용 설명서》 (서울: 새물결플러스, 2017), 198쪽.

16 윌리엄 칼 엮음, 《목회수업 30》, 림형천 옮김 (서울: 홍성사, 2011), 212쪽.

17 곽상학, 《청소년을 바라보는 지혜를 입어라》 (서울: 두란노서원, 2015), 77쪽.

18 매년 여성가족부와 통계청에서 청소년들에 대한 연구 자료와 통계 자료를 게시한다. 유의미하
    게 볼 수 있는 자료이다.

19 성인경, 《프란시스 쉐퍼 읽기》 (서울: 예영커뮤니케이션, 2003), 76쪽.

20 김운용, 《설교의 새로운 패러다임》 (서울: 장로회신학대학교출판부, 2004), 28–29쪽.

21 로버트 존스톤, 《영화와 영성》, 전의우 옮김 (서울: 한국기독학생회출판부, 2003), 140쪽.

22 박희천, 《내가 사랑한 성경》 (서울: 국제제자 훈련원,2017), 91쪽.

Folder 3

1   헨리 나우웬, 《세상의 길 그리스도의 길》, 한국기독학생회 편집부 옮김 (서울: 한국기독학생회출판
    부, 2003), 60쪽.

2   더그 필즈, 《청소년 사역을 시작한 처음 두 해》, 마영례 옮김 (서울: 디모데 2003), 106쪽

3   레지 조이너, 《싱크 오렌지》, 김희수 옮김 (서울: 디모데, 2011), 260쪽.

4   파커 파머, 《가르침과 배움의 영성》, 이종태 옮김 (서울: 한국기독학생회출판부, 2006), 157쪽.

5   생택쥐페리의 격언으로 유명하나 정확한 출처는 밝혀지지 않았으며, 《성채》에 그와 비슷한 구
    절이 있다. http://en.wikiquote.org/wiki/Antoine_de_Saint-Exupery#Attributed

6   이진섭, 《성경 사용 설명서》 (서울: 새물결플러스), 309–331쪽의 내용과 한국대학생선교회, 《순모
    임, 이렇게 한다》 (서울: 순출판사, 1988), 63–76쪽의 내용을 참조하여 필자의 생각을 첨가한 것임.

Folder 4

1 이하운, 《청소년 사역의 새 지평》 (서울: SFC출판부, 2012), 11쪽.

2 이진섭 , 《성경 사용 설명서》 (서울: 새물결플러스), 67쪽.

3 딘 보그먼·마상욱, 《이야기 청소년신학》 (서울: 샘솟는 기쁨, 2019), 163쪽.

4 이재철, 《목사, 그리고 목사직》 (서울: 홍성사, 2020), 248쪽.

5 에이미 에드먼슨, 《두려움 없는 조직》, 최윤영 옮김 (파주: 다산북스, 2019), 23쪽.

6 유진 피터슨, 《부활을 살라》, 양혜원·박세혁 옮김 (서울: 한국기독학생회출판부, 2016), 13쪽, 290쪽.

7 더그 필즈, 《청소년 사역을 시작한 처음 두 해》, 마영례 옮김 (서울: 디모데, 2003), 113쪽. 번역본에는 '교사' 부분이 '리더'로 번역되어 있다. 하지만 문맥상 교사로 번역하는 것이 나을 것 같아서 필자는 '교사'로 표기함.

8 더그 필즈, 《청소년 사역을 시작한 처음 두 해》, 마영례 옮김 (서울: 디모데, 2003), 114쪽.

9 이규현, 《목회를 말하다》 (서울: 두란노, 2019), 78쪽.

10 파커 파머, 《가르침과 배움의 영성》, 이종태 옮김 (서울: 한국기독학생회출판부, 2006), 55쪽.

11 심형섭, 《자녀 마음에 하나님을 새기라》 (서울: 두란노, 2020), 143쪽에서 재인용. 마크 드브리스, 《청소년 사역 이젠 가정이다》, 오화선 옮김 (서울: 성서유니온선교회, 2001), 73-74쪽.

12 레지 조이너, 《싱크 오렌지》, 김희수 옮김 (서울: 디모데, 2011), 93쪽.

13 위의 책, 263쪽.

14 더그 필즈, 《청소년 사역을 시작한 처음 두 해》, 마영례 옮김 (서울: 디모데 2003), 153쪽.

15 오선화, 《아이가 방문을 닫기 시작했습니다》 (서울: 꿈지락, 2019), 21쪽.

16 마크 드브리스, 《청소년 사역 이젠 가정이다》, 오화선 옮김 (서울: 성서유니온선교회, 2001), 143쪽

17 박안석, 《청소년 멘토링 사역》 (서울: 생명의말씀사, 2003), 93쪽.

18 레지 조이너, 《싱크 오렌지》, 김희수 옮김 (서울: 디모데, 2011), 204쪽.

19 마크 드브리스, 《청소년 사역 이젠 가정이다》, 오화선 옮김 (서울: 성서유니온선교회, 2001), 150쪽.

Folder 5

1 마크 드브리스, 《청소년 사역 이젠 가정이다》, 오화선 옮김 (서울: 성서유니온선교회, 2001), 190쪽.

2 제임스 스미스, 《하나님 나라를 욕망하라》, 박세혁 옮김 (서울: 한국기독학생회출판부), 67쪽.

3 이하운, 《청소년 사역의 새 지평》 (서울: SFC출판부, 2012), 41쪽.

4 문근식, 《어? 되네! 청소년 전도》 (서울: 좋은씨앗, 2012), 85쪽.

5 정갑신, 《대답하는 공동체》 (서울: 아르카, 2018), 21쪽.

6 팀 켈러, 《팀 켈러의 센터처치》, 오종향 옮김 (서울: 두란노, 2016), 772쪽.

Special Folder

1 이종찬, 《코로나와 4차 산업혁명이 만든 뉴노멀》 (서울: 북랩, 2020), 33쪽.

2 최현식, 《코로나 이후 3년 한국교회 대담한 도전》 (서울: 생명의말씀사, 2020), 180쪽.

3 히데유키 네고로, 《호르몬 밸런스》, 이연희 옮김 (파주: 다산북스, 2016), 100–101쪽.

4 문화랑 외 5인, 《회복하는 교회》 (서울: 생명의말씀사, 2020), 96쪽.

5 손지선 외 10인, 《교사가 진짜 궁금해하는 온라인 수업》 (서울: 학교도서관저널, 2020), 149쪽.

6 폴 손, 《청년의 시간》, 정성묵 옮김 (서울: 두란노, 2018), 78쪽.

청소년 사역 핵심파일
Essential Book for the Teenagers Ministry

지은이 정석원
펴낸곳 주식회사 홍성사
펴낸이 정애주
국효숙 김의연 김준표 박혜란 손상범
송민규 안지애 오민택 임영주 차길환

2021. 1. 4. 초판 발행   2023. 2. 3. 2쇄 발행

등록번호 제1-499호 1977. 8. 1.
주소 (04084) 서울시 마포구 양화진4길 3   전화 02 333-5161   팩스 02 333-5165
홈페이지 hongsungsa.com   이메일 hsbooks@hongsungsa.com
페이스북 facebook.com/hongsungsa
양화진책방 02 333-5161

• 잘못된 책은 바꿔 드립니다. • 책값은 뒤표지에 있습니다.

ISBN 978-89-365-1465-5 (03230)